U0017812

12 年國教適性教育 最佳輔助教材

SUPER EXPERT

超越達人——
陪孩子找到自己的路

第一套針對十二年國教「適性教育」的職涯藍圖

　　二〇一四年，標榜「適性揚才」的「十二年國教」開始啟動，希望打破僵化的升學主義，協助每位孩子能夠探索適合自己個性、發揚自我才能的道路。然而，當前學校的配套輔導機制不足，初階的性向測驗，難以協助孩子開展對於未來職業的多元想像，無助於規劃升學與生涯規劃，亦連帶造成學校教育與產業人力需求的銜接困難，惡化了就業市場，影響國力。

　　為從根本解決問題，超越基金會提出「超越達人」公益教育計畫，邀請各行各業中有故事、有專業，並願意回饋社會的達人們出列。以「人達超越」，才是「超越達人」的精神，作為孩子們立志的典範。並且透過不同於

傳統教學，互動與活潑的「職場體驗」、「前進校園達人秀」，讓孩子們體會職業的甘苦，並搭配書籍出版、影像記錄等，開拓孩子對未來職業的想像，發現自己的興趣，發展自己的才能。

　　自二〇一二年「超越達人」公

益教育計畫開跑以來，經歷了一千多個日子，已與六十位達人合作，足跡踏過十一個縣市，並且與一百二十所國、高中合作，影響超過六萬五千名同學——為了一個單純卻艱辛困難的夢想！

舊的行業正在消逝，新的職業尚未成型，在這新舊交替的時刻，超越達人們心中有夢，憑藉勇氣，堅持走一條創新的路，他們身上蘊含的超越基因，將為徬徨的一代，找出新的可能。

超越三部曲

1 前進校園巡迴活動

以學校為單位，邀請各領域的超越達人現身校園，同時與數百名學生進行互動。結合影音及多媒體，跳脫單純的演講形式，強調互動參與，現場並與學生進行「心理測驗」、「超越小學堂」等活動，透過你來我往、活潑刺激的問答模式，不但讓學生有參與感，對職涯的了解也更加深刻。

2 共讀計畫教育深耕

出版發行《超越達人》系列書籍和短片 DVD，除了記錄在不同領域中自我超越的達人，也介紹台灣各行各業的過去、現在與未來；藉由專家領航，指引各行業所需的特質、技能與相關科系訓練，開啟職場想像，

以幫助青少年找到自己的方向座標。出版品同時輔以「共讀計畫‧導讀參考」的配套學習單，提供各學校單位作為適性教育的輔助教材。

《超越達人》書籍　拉開職業廣度，系列書籍第一至二冊共記錄三十三位不同領域的達人，看他們如何突破傳統的職業想像，傾聽自己的內在，找到屬於自己的道路。

《超越達人》DVD　以七部共九位達人的短片，紀錄台灣各產業的過去、現在與未來，並透過達人自身的奮鬥故事，證明肯努力、敢夢想才致勝的超越 DNA。

3 職場體驗實境參與

每月一場，邀請各行業的超越達人帶領青少年進行實際職場體驗，並分享其生命故事與職涯歷程，讓孩子有機會近身接觸這些達人與工作環境，透過第一手觀察，從做中學，了解台灣百工的奧妙。超越基金會希望能以「超越達人」計畫，讓孩子對未來的想像更多元，對職涯的想像更寬闊。讓我們一起看見孩子的未來，陪孩子找到屬於自己的路！

麋麋初登場

Hello!!
我是麋麋

一直以來，台灣社會有著「萬般皆下品，唯有讀書高」的思維，但現實中，學歷與考試成績，不代表著未來理想職涯的保證。每個人的人生路程不會一樣，超越基金會希望透過達人生命歷程的分享，樹立新的典範，打開孩子對未來的視野，擁有堅持夢想的勇氣，找到屬於自己的「路」。因此，我們的吉祥物──「麋麋」誕生了！麋麋熱情、勇敢、有活力，對所有事情都充滿好奇、躍躍欲試，希望同學們不再迷惑，和小鹿「麋麋」一起找到屬於自己的路（鹿）！

目次

抓得住的星星與月亮：
超越達人的故事

　　台灣幾十年來屢屢在國際創造佳績，現在又常有困境，究竟過去作了什麼突破？現在又卡在哪裡？我想大概不外都是有關人才培育的問題吧。

　　年輕人的學習是攸關國家未來發展與競爭力最重要的事情，一點都不能輕忽，永遠要放在心上。但是年輕人的未來是寬廣的、是無限的，因此也不能整天只講些「書中自有黃金屋，書中自有顏如玉」的老式訓勉，必須要能提供多元的學習楷模。我過去在教育部服務時，曾提出「教育百人團」的概念並予以推動，這個社會除了要有王永慶、證嚴與李遠哲來激勵人心，奮勉向上之外，也要有阿瘦皮鞋的羅水木、鳳飛飛與嚴長壽來貼近年輕人現實的距離，來產生「有為者亦若是」的向上衝動，並設定可觸及的人生目標。教育百人團要能常安排到高中職、工廠去宣講，當然也可以到大學去，與年輕人見面，告訴他／她們，自己如何一步一步從生活的長期困境中走出來，自己又如何克服困難、如何超越而成為社會上有用的人。

　　年輕人要學習的主要還是那股精神，教育無非愛與榜樣，但每個年代有每個年代能認同的榜樣，必須隨時更新，才能契合現實。像這次由超越基金會精心製作的《超級達人2》，裡面談的都是在困境中學習又突破困境成功的好例子，他／她們有作西點烘焙的、作手工肥皂的、當昆蟲老師的、經營妖怪村

的、專櫃成功銷售的、讓房屋仲介科學化的、作氣象風險管理的、肢障成為棒球國手的、作文物修復的。每個人都有一個非常動人的人生故事，行行都出了狀元，每個人也都歸納出自己如何超越，克服了人生障礙，最後成為達人來回饋社會的。更重要的是，他／她們都是可以成為貼近學習又非遙不可及的典範！超越基金會在老友蘇貞昌主席的卓越領導下，深深體會了這種精神，而加以發揚光大，給年輕人在人生的大路上點了一盞又一盞的明燈，讓超越達人的故事，成為可以抓得住的星星與月亮！

黃榮村

前教育部長、中國醫藥大學校長，現任中國醫藥大學講座教授

與其看遠,
不如看進孩子的心

　　我們,也就是大人們,習慣以自己的學經歷,配合大環境現況,來預測未來的可能走向,然後參考一些成功人士的發跡歷程,主動為孩子描繪未來藍圖,該唸甚麼學校我們替他想好,該找甚麼樣的工作,我們也有好的建議。用意是希望他們能少走一些冤枉路,前途更光明。我們看得遠、想得也遠,但是卻忽略了一個很根本的問題,那樣的光明前途是不是他想要的?或者適不適合?而所謂的光明前途,難道只有賺錢和顯赫的名片嗎?

　　在我還是中學生的時候,很難想像這個世界上會有一個行業叫古物修復師,還有氣象風險管理師、昆蟲老師,甚至妖怪村村長!我也從未想過,一塊不加工的肥皂,不只能洗去身體的髒污,還能洗滌心靈。也許有人會問,知道了會不一樣嗎?我不確定當時若知道這些,現在的我會不會成為另一個我,但我能肯定一件事,視野變寬了,你對自己、對未來,會有更多一層的了解和期待。

　　孩子們需要開闊的視野,大人們也同樣需要。因為世界瞬息萬變,就算現在看起來有前途的行業,幾年之後也不見得有前途,所以在我們自認比孩子看得遠的同時,也該看進孩子的心裡,了解他的不安、接受他的與眾不同,並讓「適性揚才」的教育觀念真正落實,這才是屬於大人們的超越吧!

余湘
聯廣傳播集團、WPP 傳播集團 GroupM 台灣區董事長

一步一腳印的超越精神

　　TVBS「一步一腳印 發現新台灣」節目做了十年，常有人問我：「什麼樣的人符合一步一腳印精神？」、「節目選擇的人物是用什麼標準？」

　　老實說，一開始是憑製作節目的直覺判斷，但十年下來，我們漸漸得出一套公式。沒錯，我們報導過的幾百個人物都符合一套簡單公式，只要符合這公式就可以報導，所以我們總不缺題材，節目永遠做不完。

　　公式很簡單，就是困境與突破。

　　再仔細想，這不只是一步一腳印的公式，古今中外所有動人的故事都符合這套公式：困難，然後突破、問題，然後解決、挑戰，然後超越、或是苦難，然後面對與戰勝……。這也就是人生，每個人都曾經歷困境或苦難，怎麼去突破或超越，決定人生的精采程度。好的故事處理的就是那段突破的過程，一步一腳印節目報導的，也正好就是這段過程。就如同這本書一樣。

　　超越達人的人物和一步一腳印有些重疊，顯然我們是用同一套公式找題材。也同樣希望透過這些達人們超越的過程，激勵更多人面對自己一步步突破的人生故事。

詹怡宜
TVBS「一步一腳印 發現新台灣」製作主持人

讓每個孩子
都能有更寬廣的選擇

近一年多來，很榮幸能夠參與超越基金會超越達人計畫，與蘇巧慧執行長及超越達人的團隊一起上山下海，從台北到屏東，到很多學校執行這項計畫，對我來說，實在是有太多的欣喜與感動。

我出身嘉義竹崎農家，從小能夠接觸的職業類別並不多。高中時就讀嘉義高中，當時家裡人的觀念，認為讀醫科比較有前途，因為竹崎鎮上看起來過的最好的就是醫生，因此我懵懵懂懂也就選了第三類組。然而，學習這些自然科學的東西，卻讓我感到無趣，因此每天打混，就這樣過了三年，果然一間大學都沒考上。

落榜後，家人對我學醫不再抱持任何希望，這卻是我自己決定未來的開始。我想起高中翹課看到一部英國電影《以父之名》，很為劇中為冤獄犯奔走的律師感動；而高中期間正值我國第一次國會全面改選（一九九二年），我與同學牽著腳踏車，於選前之夜剛好路過嘉義中央噴水池，聽見法律學者李鴻禧、律師蘇貞昌、謝長廷、陳水扁等人的演講，深受其感動，油然生起一種想唸法律系的念頭。因此重考社會組，進入法律系就讀。

雖然因緣際會走上法律之路，但是一來家中從來沒有人從事法律行業，自己的個性又比較被動，因此在選填志願之前，我從來沒有近距離接觸任何一位律師、法官。考上聯考之後，大學四年，我也從來不曾進入法院，其實我根本不知道律師、法官究竟他們的執業生活為何。

於是當我從德國回到台灣，剛開始執業律師，蘇執行長向我提出這樣的計畫，可以到全國的中學，介紹律師這個職業，我立刻答應。我知道，在許多偏遠的地區，許多弱勢的孩子，他們沒辦法像都市的小孩一樣，知道未來還有許多選擇，知道有許多職業的存在，他們需要有人幫忙，以便能在更充分的資訊下，勇敢做出屬於自己的決定。

曾經到過一個台南的高中，當地是眷村改建，據學校老師的說法，該校一半以上學生出自經濟弱勢家庭。活動後收到一位學生的來信，她說，她喜歡美術，卻被父母逼得讀普通科，成績非常不理想，把自己逼得快瘋了，聽了我們的演講，她覺得她應該可以走自己的路。我看了實在非常感動，

超越達人計畫是一個非常有意義的活動，尤其對社經地位較低落的弱勢家庭小孩、偏遠地區的小孩，更具意義。我深信透過這樣的活動，讓每個小孩都能有更多更寬廣的選擇，更能走自己的路，適性發展，將來每個孩子一定是他自己領域的達人。

邱顯智
雲谷南榕法律事務所律師

解纜出海，
看到海天壯闊！

　　跟大家分享一個小故事，照顧花草、做做點心是我女兒與孫女之間最喜愛的親子活動。因此即便空間再小、時間再少，他們母女們還是期待能盡量完成。

　　今年春天的某個早晨，三歲、四歲的孫女們在陽台上澆花，突然吱吱喳喳的大聲喚我女兒：「媽媽、媽媽，有白白、紫紫和粉紅的花呢！」大人們聞聲而至，一瞧才驚覺這些我女兒以時下最流行「自然農法」照顧的盆栽們，竟然已經一掃冬日的晦暗，在不知不覺間悄悄開出各色小小的花朵，有紫色的薰衣草、粉紅色的日日春，還有幾朵小巧可愛的白色辣椒花，都探出頭來快樂地隨風搖曳著，連旁邊一棵原本桌上型的綠寶石樹，在換了大盆後，也快速抽高兩、三倍，完全看不出原本的嬌小模樣。

　　一直以來，我重視教育，深信國家的根本在人才，孩子們的未來就是國家永續發展的寄望。但教育不能速成，必需要日日滴水穿石的努力，從觀念到制度，投入資源，改變環境，才能鬆開貧瘠的凍土，讓幼苗長成大樹。「十二年國教」的實施，讓進入制度的家長與孩子，都充滿了焦慮，對未來更加徬徨，如何為孩子找到最適合的那條路，是家長、老師與孩子的共同疑問。

　　因此，兩年多來，超越基金會默默推動著「超越達人計畫」，以「人」（故事性）、「達」（專業度）、「超越」（社會回饋）等標準，尋找了數十位有成就、有心意，堅守崗位，將自身工作發揮極致，或者另類思考、達成產業創新的達人們，透過書 DVD 的發行及前進校園、職場體驗等活動，讓學子們可以直接與各行各業的達人面對面，除了更深入了解多元職場的樣貌、看見行行真的都能出狀元，也能近身觀

察達人們共同具備的敬業熱忱及回饋社會的使命感。

正是因為這份使命感，基金會的同仁從南到北，從偏鄉到城市前進校園，希望陪孩子們找自己的路，描一張未來的地圖，也為台灣教育盡一分心力，讓十二年國教「適性揚才」的價值不再只是空談。我們試圖告訴孩子們，要勇敢嘗試，不要害怕，不解纜出海，哪能看到海天壯闊！未來的路很寬很廣，不必然一定要衝到最前頭才稱得上是成功，你不必成為第一，但可以是唯一。努力衝刺，人人都可以擁有一片天地，看見屬於自己人生的美麗風景。

這次出版的《超越達人2》，除了延續第一集強調的「以創新帶來社會進步」外，我們在第二集還邀請了一批「堅守社會崗位」的達人們。我們認為，其實一個人只要把自己的工作做到最好、做到極致，其實也是為社會奉獻，也是一種超越，而這樣的參與社會、將所學回饋社會的態度，也正是我們一再標榜的「超越精神」。

台灣需要更多的超越達人，教育需要更多的資源投入，孩子需要我們陪著走一段路。讓我們從下一代，從教育著手，路很長，終點還看不見，但只要開始走、一起走，踏出超越的一步，我們不怕走不到終點。「超越達人」計劃不會有立竿見影的速效，但我們要求自己陪孩子慢慢走，一起耐心等候花開的美麗。

下一代的孩子們，就如同我女兒與孫女在那個美麗早晨一起發現的小小驚喜，他們和這些小花小草完全一樣，要讓他們開花其實沒有甚麼秘訣，需要的只是更多的時間和更大的空間，只要有足夠的耐心，春天一定會來的。

超越文創教育基金會董事長

陪孩子找自己的路

把愛傳出去，建構贈物接力的網路平台

馬玉如

一九八一年生於台北市，Give543贈物網創辦人。台灣大學中文系畢業後，曾經賣過房子、也學看風水，之後因為一個自己用不著的貓籠，而萌生建構網路贈物平台的想法，於二〇〇九年創立「Give543贈物網」，這個台灣第一個免上架費、免手續費、也免費取得物品的網路交換平台，在創業第一年，就躍居為台灣點閱率前一百名的網站，平均不到四分鐘就有一樣物品被送出，同時更鼓勵透過贈物做公益，許多公益弱勢團體更藉此獲得所需。

●馬玉如與工作團隊，在住處兼辦公室共同討論網站經營的方向與目標

　　網路創業團隊該是怎麼樣子？拜訪新興熱門網站的辦公室會看到怎樣的景象？在一般人的想像中，成員年輕是必然的，一堆眼鏡宅男肯定少不了，CEO 通常技術出身，而且往往是程式高手或駭客，辦公室陳設肯定活潑但恐怕不會太整齊，但如果你來到知名的贈物網「give543」的辦公室，這一切的想法都會被顛覆。

　　這一個打著免費贈送物品旗號、同時進行大量公益活動的熱門網站，曾經一度創下一個月點閱量超過四百三十萬次，累積到現在送出了一百五十萬件贈品，系統還曾經因太過熱門而當掉三次，這個創業團隊從創站 CEO 馬玉如到四位伙伴，竟然清一色是清清秀秀的小姑娘，多為七年級生，而且馬玉如也是中文系畢業，也不是電腦網路高手。

　　到了「Give543 贈物網」辦公室兼 CEO 的住處，是看不到任何帶有「可愛」女性色彩的陳設，沒有粉色系的綺麗色彩，堆滿了各種物品（贈物網難免），所有的物品都是有稜有角的方型外觀，就連馬玉如也是有稜有角，俐落短髮、素淨的臉，一對

像韓國男星的單眼皮，穿著襯衫加背心。還好，總算在廁所看到比較柔和的擺設，不再是一板一眼。這一間二樓空間是馬玉如父母提供給她居所兼贈物網 give543 團隊的辦公室。馬玉如就是在這裡跟伙伴們一起奮鬥，也提供年輕人創業的另一種想像，不一定要專精電腦，一個善念的起心動念，加上無比的執行力與堅持，就有可能創造傳奇。

●公益團體與 Give543 贈物網合作，集結物資送到偏鄉

一個善念的起心，緣於一個貓籠

這個創業故事要從執行長馬玉如說起。馬玉如大學唸的是台大中文系，她自道不是一個愛唸書的學生，也不是因為熱愛中文才進中文系，大學時大多在家睡覺，沒轉系是因為懶得轉系，想快點畢業出去賺錢。馬玉如個頭不高，不到一百六十公分，卻是運動健將，熱愛打籃球，創業伙伴當中還有她一起鬥牛的球友。

「Give543 贈物網」的成立，緣起於一個貓籠。因為網友送給馬玉如一個高價貓籠，讓她萌生架設一個贈物網站的想法：別人會把高價貓籠送給她，那麼一定有不少人想把自己用不著的東西送給別人。

馬玉如上網搜尋，卻發現沒有這樣的平台，「那就不如自己做一個吧。」她把想法跟球友林慧洵、高中同學林巧雯分享。來自台中的球友林慧洵畢業自康寧護專，二十二歲發生一場嚴重車禍，工作又常目睹生死，常尋思「人生要追求什麼？做什麼才會開心？」而在廣告業的林巧雯跟馬玉如從小就十分要好，「馬玉如從小想的就跟別人不太一樣，特別有主見。」林巧雯選擇力挺老同學。於是大家湊了兩百萬元，又申請了青年創業貸款一百二十萬元，一起創立「Give543 贈物網」，網站架構漸具雛形。二○一○年底，身材高大的西餐女廚師陳念宜也加入團隊。壯碩的她在團

隊當中常被當成男生跟苦力使
用，但她也不以為忤。

馬玉如把網站架設與維護
外包，由嘉義一家委外伺服器
小工作室負責。工程師對這個
網站理念嗤之以鼻：「不可能
會成功啦，」貪小便宜的人多，
哪有那麼多人肯免費送人東西
呢？

● Give543 贈物網協助發送棉被給弱勢團體

躍居台灣點閱率前一百名的網站

二〇〇九年二月，網站順利開站，跌破大家眼鏡的是，因為 ptt 的 BBS 鄉民熱
烈討論，吸引了平面媒體大量報導，網站一下子就吸引了大量會員，不但沒有先前
所憂慮的「沒人氣、沒流量」的問題，反而流量過高，伺服器無法負荷。後來，網站
有兩位兼職的志工工程師，利用下班時間，協助撰寫程式、維護網站運作。就在這
創業的第一年，贈物網就躍居台灣點閱率前一百名的網站。

而台灣人的善念讓所謂佔便宜的人並沒有想像中的多，善意想分享的人相當
多，「平均不到四分鐘就有一個人送出一樣東西，」馬玉如說。會員們彼此以「贈友」
相稱，在送東西時候，會自行設定條件過濾出最需要的人，「我們做的只是建構一
個平台，讓美好的事情發生，」她說。

結果大家送的東西，五花八門，「連全新的手機都有人送，」馬玉如說。「電腦、
印表機、LV 包，甚至連母奶都有。」這個網站的運作模式，就好像是許願池，有人
有需要某些東西，或者一些弱勢團體需要一些物資，對這個許願池許願「求贈」，這
時候許多美好的事情就可能發生，例如台西基督教會留言需要物資，馬上就有贈友
捐贈，甚至還有人親自把米與牛乳親自送到教會，善念依附在「贈品」上，在贈友們
手上一棒一棒地傳遞出去，整個網站這些年的運作下來，就好像電影「把愛傳出去」

的現實網路版。

馬玉如說，這個網站就是要激發大家的善念，「網站有規定，拿到贈物者要 po 文或照片感謝，」馬玉如說，當贈友獲得受贈者真誠的感謝時，內心都會激起下一次想要再付出的動機。而這個網站的存在完全符合經濟學當中說的「福利改善」的情形，經濟學當中所謂的福利改善又叫作「柏拉圖改善」：「也就是與己福利無損，但是其他人福利增加，我們就可以定義其為整個社會的福利改善。」

從流量到獲利

網路創業的邏輯永遠跟一般企業不一樣，都是先衝出流量，接著再尋找獲利模式，贈物網的流量不是問題，卻也是問題，二○一○年首度改版，因為一直沒法克服流量太大，開開關關，無法穩定提供服務，二○一二年，真正的危機來了。「錢快燒完了，」馬玉如說：「真的要放棄了，因為得到 KEEP WALKING 夢想資助計劃七十萬補助，才能做下去。」，一開始一起奮鬥的伙伴也因沒收入，日子撐不下去陸續離開，連老同學林巧雯都遠赴上海，賣起高價

「give543 贈物網」使用說明

成立於二○○九年二月，是一個以物資為主的交流互惠網站，所有的會員都可免費贈送物品／索取物品／求贈物品，簡易搜尋弱勢團體目前的物資需求。

瀏覽 非會員即可瀏覽所有的贈物／求贈等訊息

註冊 註冊成為會員，使用網站所有的功能

贈物 登錄成為會員可以成為贈方與受贈方，透過此一平台，可以發佈求贈、受贈、贈物等訊息，網站只是制訂遊戲規則以及提供交換的訊息平台，不負責倉儲分配，由贈方決定送給誰。受贈方必須自付郵資，也可以面交。

點數交流 網站針對會員活動的記錄發放點數，會員可以進入「兌禮專區」免費兌換禮品，藉此鼓勵大家分享資源。

情感交流 點數也可以進行情感交流，受贈方受贈後，獲得開心點數，不愉快交易，可以給對方「小黑人點數」，而受贈方可以貼上照片、影音與文字以獲得「感謝點數」。

高爾夫球旅遊假期，不過沒多久，林巧雯還是放不下「贈物網」，被馬玉如說服回來一起打拼。而這個贈物網也逐漸找到　營利模式，這個模式就是跟企業合作，協助企業進行公益活動，也可以獲得一定的利潤。

企業看到他們的努力跟影響力，於是紛紛都找上他們合作活動，更多的公益團體以及弱勢團體也透過他們找到急需的資源。一個關鍵的活動是跟新竹物流的合作，二○一三年雲林的高麗菜生產過剩，而新竹物流透過跟贈物網合作，免費將四千顆高麗菜送給需要的人，這一次成功的活動，造就新竹物流長期良好的配合，例如贈友們要送貨只要委託新竹物流都有折扣，兩蒙其利，不少公部門與企業也都看到他們的成績，紛紛請他們一起配合，桃園文化局舉辦兒童閱讀月活動，回收二手書，也邀請贈物網協辦。

全國加油站送電影票，中信房屋送一千五百公斤白米給中低收入家庭。贈物網都在中間出了大力。這兩場企業公益活動總經費約四十餘萬，贈物網從中收到部分執行費；而每月網站一百萬的瀏覽頁次也能得到一些基本的廣告收入。

姊姊馬玉珊也表示，過去父母親也不太理解這個女兒在做些什麼，現在也全力支持女兒的創業夢想，她一開始就加入團隊，以實際的行動實踐馬家對女兒的支持，之前是家庭主婦的馬玉珊，婚前是有十年資歷的電信公司的客服人員，「give543 贈物網」儘管是免費贈送，但是還是免不了有一些糾紛，化解這些糾紛的苦差事就靠這位馬姊姊一手挑起，「曾有人為了五元郵資誰付，吵了好幾個月。」沒有馬玉珊，網站的「贈友們」哪可能一團祥和？

願有多大，力就有多大

馬玉如想法一直很另類，姊姊馬玉珊形容自己這個妹妹特別有主見，也是家裡最會唸書的，馬玉如唸完大學，別人考慮著還要不要升學讀研究所，這時的她可是一心一意要賺大錢，「我問朋友，街上開賓士的人是什麼職業？」馬玉如得到「賣房子」這個答案，於是她以台大中文系的高學歷，跑去應徵遠雄建設的售屋小姐職位，「很怪，第一年我的房子就賣得很好，客戶都願意跟我買房子，」她說「一個月

●二○一四年與全國加油站合作，送出一百五十張《一首搖滾上月球》電影票

薪水加獎金可領二十到三十萬。」但她承認，要賣房子很多老實話都不能說，這不合她的性格，才賺了一年錢馬玉如就離職，這時，怪咖的她選擇了另外一個另類的職業，去當個風水師，開始拜師學風水，三年後出師執業。風水師幹沒多久，卻成了網路創業一族。

馬玉如話不多，說時總是笑笑的，講得雲淡風清，好像很好說話，但看整個辦公室跟居住空間，可以感受到當中的一絲不苟，馬玉如老是說，「伙伴們都是被她拐來的，」但看得出來所有伙伴都對馬玉如特別服氣。

問起為什麼？林慧洵說：「因為她腦袋特別清楚，分析事情很有一套。」馬玉如聽了伙伴的說法還是含笑不語。成立了五年，這五位小姑娘依舊不支薪，可以看出馬玉如的確有一套，這五位姑娘每堅持一天，就多了不少人受惠，當問起馬玉如對未來的期待，她還是一派輕鬆說：「希望能在全世界成立這個網站，幫助更多人。」當願有多大，力就有多大，誰能說這個女創業家沒機會當下一個女馬雲呢？馬雲可也不懂電腦啊！

（採訪撰文：楊泰興，攝影：汪忠信）

超越基因

「獨立思考、使命必達、做公益也要賺錢」

「give543 贈物網」是個全由非技術人員出身的女性所創的網站，顛覆了大家對於網路跟 IT 產業的想像。

馬玉如一直勇於嘗試不一樣的路：台大中文系畢業，第一份工作是賣房子，然後辭職去學看風水，後來又創辦「give543 贈物網」。她不考研究所、不留學、不考公職、教職，所做的事情全都背離一般的預期，每一件事情都是從零開始，每一件事情也都做得有聲有色。

一般人創業，大多選擇跟本業有關，但是沒有理工背景的馬玉如卻選擇在網路上開辦社會企業，她的勇氣、執著與執行力是成功的關鍵。在網路的世界裡，技術沒那麼難跨越，解決方案都可以找到，很多門檻往往是自我設限。

馬玉如以經營事業的心態來從事公益，公益事業可以在價值上訴諸人的善念，但不能在財務上依賴人的善念。到今天，她已經發展出可以贈、受與企業三贏的模式，為永續經營打下基礎。

產業鏈

- 行銷企劃人員
- 物流人員
- 網頁設計師
- **網站管理人員**
- 社會企業營運者
- 國貿人員
- 產品行銷人員
- 理財規劃人員
- 社工
- 資訊工程師

相關科系

- 資訊管理學系
- 行動科技學系
- 資訊傳播學系
- 企業管理學系
- 國際貿易學系
- 社會學系
- 財務金融學系
- 行銷學系
- 運輸與物流管理學系
- 資訊工程學系

安身立命，
用一塊皂洗滌身心

江榮原
Profile

一九六三年生於新北市三重區，阿原國際藥草研
究發展股份有限公司創辦人。畢業於三重商工國
貿科，曾任職於銘板製造業、雜誌社、廣告公
司，也開過早餐店。因自身皮膚過敏病變，開始
研發天然藥草皂，於二〇〇五年在金山萬里創立
「阿原肥皂」，從草創時期的四名員工，到如今規
模成長為一百五十人、營收六億元的企業，衍生
多項清潔、保養、文創產物，擁有農場、製造、
倉儲物流及銷售的產銷串聯。透過對人、對土地
倫理與自然環境的觀察與關懷，堅持回歸到令自
己心安的事業與位置，藉由產品的洗滌成為土地
的祝福與養分，於手工皂產業建立出台灣手工美
學的文創品牌。

深入蜿蜒的鄉間小路，停歇在寧靜的屋舍之前，一陣清爽自然的香氣迎面撲鼻而來，訪客的身與心彷彿受到洗滌。這裡是「阿原肥皂」金山工作室，一方方或一糰糰質樸手工皂的生命原點，也是台灣原鄉良品的代表作。

誕生於二〇〇五年的「阿原肥皂」，短短幾年就以外表樸實、內在誠懇的純天然特色席捲台灣，蘊含宗教、環保、文創價值的多元要素，引發手工皂微型產業的熱潮，行銷到日本、英國、新加坡、馬來西亞、香港及中國大陸。主人江榮原被人津津樂道的，除了以在地行動帶給消費者一塊心安的肥皂，也以「清潔就是一種修行」的禪意，傳達簡單生活、幸福能量的概念，建立新一代台灣手工美學的品牌指標。

然而，在「人如其皂、皂如其人」之前，江榮原轉戰過許多職場，從銘板製造業、雜誌社、廣告設計、早餐店……，走過市井繁華、歷經商場的爾虞我詐，停歇腳步讓自己沈澱長達三年，才重新從社區出發，透過對人、對土地倫理與自然環境的觀察與關懷，找到令自己心安的事業與位置。

●將肥皂裁切後剩下的皂屑重複利用，製作成「小團圓」手工皂

自幼培養隨遇而安的適應力，
選擇為自己負責

　　一九六三年次的江榮原，從小的生活就起伏多變，小學就讀了六所學校，從台北、台中、高雄再回到台北：「因為家裡不太順利，爸爸東奔西跑，早期的販夫走卒，生意小本經營，多的是夫妻一起打拚、同甘共苦，全家在一起可以節省很多費用，所以爸媽到哪裡，我們六個小孩就跟著搬。北中南要隨遇而安，必須快速建立過得下去的新人際關係，這樣的童年，培養了我的適應力，在陌生的地方特別容易融入。」

　　「相較起來，現在年輕人的生命根基被大人過度保護，失掉我們以前的精彩性。我們是自己上學，走自己的路，今天鑽這個巷子、明天跑那條馬路，有時因為好玩而在不同的店家停留一下，或者嘗試不一樣的遊戲，允滿不知什麼樣的滋味跟結果。道路不是過程，而是我們上學的一部份。但現在很多國小、國中孩子上下學都由父母接送，看起來很安全，許多體驗卻被保護的名義剝奪了。」

　　家裡兄弟姐妹多，加上讀的不是明星學校，阿原沒有太多升學壓力，除了偶爾應付考試，求學生涯的印象都是在玩、過孩子該有的生活，這些經歷深深影響他的人生，讓他很早就懂得自己做選擇：「爸媽太忙於生計了，沒有辦法每件事告訴我們應該這樣、那樣，或者慢慢跟你商量。例如過年買新衣服，父母要我們自己挑，

以台灣本土為根基的手工皂

台灣興起手作的文創風潮，各種品牌的本土手工皂有如雨後春筍，但絕大多數都是小規模的微型產業。江榮原認為，短時間榮景可期，長期則是耐久賽，除非有人刻意以破壞性行銷，透過低價取得優勢，未來必然大者恆大；起落之間，關鍵仍在於品牌與社會價值的連結。

因此，走向國際的「阿原肥皂」，在堅持產品品質、台灣血統、品牌文化的同時，也顧及當地的母國精神。江榮原說，台灣有好藥材、需要工作的人，全世界各國亦然，他們在異鄉發展達到穩定狀態之後，就會進行在地採購、推出限定紀念產品，例如中國廣西、新疆、雲南各有特殊藥材，將在地特色納入手工皂之中，才能展現「阿原」品牌的總體價值。

手工皂之外的手作、文創產業也一樣，台灣本土是產品根基，關心你所進入的外國社會如何脈動，對品牌同樣具有重要意義。但江榮原也強調，無論再怎麼向外發展，也不能將台灣原有基礎連根刨起，那叫做拋棄，碎碎斷斷的企業發展策略，必然反過來動搖基本價值，不再是原來的你。

如果猶豫太久，就會被催促說，快點快點，再不決定就不買給你了。結果就是我們擅長快速抉擇，過程或許難免有痛苦，但同時也學會為自己的選擇負責。」

因此，阿原在國中階段就為自己的人生做出重大決定。國中二年級上學期，學校開始能力分班，成績好的在升學班、成績差的進放牛班，功課不錯的他卻主動爭取編進後段班級，因為玩在一起的朋友多半被列為後段班，如果跟所謂的好學生同班，他將會失掉很多朋友。這個決定反而讓他成為放牛班的領頭羊，反映了性格裡的正義感，也強化日後特別關注弱勢的傾向。

阿原自知家境並不寬裕，一心想要早點就業，儘管同時考上

武陵及成功高中，五專分數也可以進入世新，最後卻就讀學費最便宜的三重商工國貿科。「讀高中學不到技術，必須跟著升大學，我早就知道那不是選項，但對於有機會讀世新還是猶豫了一下。那天，姐姐陪我搭指南客運去世新，都到站下車了，走著走著，我毅然決然說，還是讀商科、做生意比較賺錢，她也很驚訝。當時我並不真正知道商科在學什麼，只在意學費很便宜啊，直到現在還記得一學期是八百多塊。」

持續尋找自己的另一種獨特可能

　　一畢業，阿原就進入日商台灣銘板。第一天下班，每個人桌上除了電話，所有東西都收得乾乾淨淨，第二天再拿出來，日復一日，徹底落實日本人「整理整頓」的概念，每天都要好好結束，每天也都是新的開始；早上升廠旗、唱廠歌、早點名，住宿舍的還要內務檢查，剛開始難免抱怨，久而久之就習慣成自然。那時沒有所謂SOP，而是老人帶新人，無論工作現場或辦公的地方都相當重視細節，每天下班前，從總製造量、良率到餘料、廢料、不良品的詳細報告，無形中讓員工嚴守「今日事今日畢」的規範。大家耳濡目染、自動自發，讓他體會到，持續及簡單的管理勝過許多繁文縟節。

　　很快地，阿原也摸索出獨特的處世之道。有一天，公司接到來自澳洲的英文傳真，他觀察到辦公室反應慌亂、回信也戰戰兢兢，顯得有些畏怯：「在日系公司，大家猛學日文，但我覺得，跟別人競爭，最好的方法不是立刻加入競爭行列，反而應該另闢蹊徑。」

　　他決定加強英文能力，每星期在三個不同的地方補習會話、商用文書。努力半年多，機會來了，澳洲客戶到台灣實地訪廠，公司上下繃緊神經傷透腦筋，他在早會自告奮勇請命，順利達成任務，打響「小江懂英文」的名聲，從業務助理升任副理：「挑戰自己不怎麼擅長的東西，其實是很有意思的事情。初期有點像在走鋼索，可是如果不走上去，你永遠不知道自己有多平衡。」

　　內心嚮往文化出版界的阿原，一直在尋找另一種可能性。為了應徵《天下》雜

誌的工作，他仿效《人間》報導文學模式，花了一個多星期觀察三重河邊北街的私娼寮，寫成一篇調查報告，但囿於學歷背景，還是被安排在印務發行部門。有位主管語重心長地提點他，公司需要的不是只有一種人，這段話讓他頓有所悟，在發行、美工設計及廣告業務認真學習，奠定後來朝廣告設計領域發展的基礎，離開《天下》陸續與朋友合作，創辦自由落體與三月設計公司。

峰迴路轉的意外，就讓它自然發生

「那是台灣錢淹肚臍的年代，中小企業蓬勃，當時所謂廣告或設計公司，其實就是在替他們做目錄跟紙箱。我對奶嘴、五金、皮包的行銷印刷品沒有太大興趣，卻感覺到市場上有一種深度報導跟美學的需求，例如銀行、農會、鄉鎮公所的宣傳品為何那麼醜？都是黃黃的紙、紅紅的字，輕飄飄的品質，沒什麼人要看，雨一打、風一吹就會不見的。同樣的經費，我替他們設計具有故事性及可看性的產品，慢慢就有人知道，有個小江可以幫忙做出比較特別的東西，而在這個過程，我接觸許多農會、地方快要失傳的產業，也在相關的媽媽教室等活動裡，有了手工肥皂的初體驗。」

朋友越來越五湖四海的阿原，也踏入選舉文宣領域：「第一次是廢國代，第二次是陳水扁首度參選台北市長。那個年代，願意挺身而出的人都懷抱著公益心及熱情，完全是無私的，可以看到許多人變賣家產、一分一毫的錢都捐出來，而我們除了便當茶水跟少數車馬費，都是不收錢的。當時的台灣，吹著一股很漂亮的風，某些人的熱情也燃起大家的希望。」

然而，理想終究還是要回到現實層面，阿原發現自己越來越不快樂：「英雄不容易誕生，價值不容易累積，好或不好，我也不知道；無論是鎩羽而歸、歸隱山林或耽於物慾，漸漸地，我看到很多人都過不了權力那關，當你回頭一看，原本的夥伴從防火牆變成走暗巷的時候，你也會受到拖累。而在公司本身，當時還沒有所謂招標，經常面臨不公平的回扣或者交際應酬的陋習，為了求全、讓合夥團隊更和諧，很多調整或妥協往往不是我自己願意的，讓我很討厭那樣的自己。」

●阿原的肥皂堅持手工製造、天然素材，以及勞動力美學

　　「如果我更有耐心，或許也可以在既有基礎上做出某些改變，而不是歸零，但一旦想要改變的渴望超過忍耐念頭，我還是鼓勵年輕人勇敢去變，而不是繼續妥協，否則到後來可能覺得遺憾。不妥協，或許不知道會將自己帶到哪裡，但那也往往是人生最奇妙跟最驚喜的部份。我不怕改變，怕的是，變局當前卻不敢改；到最後，被改變反而是自己的價值觀，那就變錯東西了。」

　　阿原說，他當時不知道自己會走向哪裡，其實現在也不見得全然清楚，但是當直覺力跟現實力相互抗衡的時候，他不想三心兩意，也不希望瞻前顧後：「人生苦短，有些道路曲曲折折。若是可以預期的曲折，或許就不要刻意去走；至於峰迴路轉的意外，那就自然而然讓它發生吧。」

停頓三年，從一塊皂重新看見深刻人性

　　結束廣告設計公司，江榮原一度在三重的三和路附近開了早餐店，生意好到無法招架，他反而開始擔心，接下來的下半輩子都要賣早餐嗎？他自問：「我害怕那樣的好是怎麼回事？是不想那麼忙碌？還是擔心自己後半輩子就要周而復始，在鐵板煎蘿蔔糕、打荷包蛋、做三明治之中度過嗎？」

　　於是，他毅然停下腳步，這一停，就停了三年：「你們現在看到的我，就是那三年的影響，安靜、用宗教思維貫穿我所做的事情。三年的時間，無論做志工或接觸瑜伽、氣功、能量、中醫、針灸，我走入一個期待很久的境界，重新看到深刻的人性。」這段時間，阿原試作手工皂跟朋友分享，得到許多鼓勵，其中有人吃素、有人偏好乾淨食物、有人樂活有機，漸漸地，他面對肥皂的心態也不一樣了，原料、香味、顏色的選擇開始變化，「阿原肥皂」運用天然素材的特色也隱然成形。

作一塊阿原手工皂　天然原物料：泉水、食用油、青草藥、複方精油、海洋鹼性物

1 植栽

2 採藥

3 洗滌

4 取水

於陽明山國家公園的阿原農場，循天生天養種植的自然農耕，以國家公園山泉水灌溉種植台灣青草藥。

歲時節令當下，採收新鮮的青草藥素材。

以潔淨的天然溪水洗滌塵土汙泥。

汲取自金山陽明山國家公園，清澈潔淨的清水溪天然湧泉。

二〇〇五年六月，「阿原肥皂」工作室成立，包括江榮原自己在內，總共只有四個人。他堅持從萬里山區接引天然湧泉，以增進肥皂的能量與生命力，山坡的魚腥草、田邊的左手香以及民間常用的艾草等青草藥材都成為原料，隨著事業規模逐步擴大，也大量採用小農的作物，高成本的產品價格比市售化學皂高出十倍不止，

但天然且充滿文化氣息的特色，讓他們順利進駐誠品書店、有機商店，受到熱烈的支持與肯定。獨特的是，他們每年都設定年度主題，從「清潔是一種修行」、「心平安」、「簡單的幸福」，到「放下就好」、「大愛無礙」，時而佛學思維濃厚，時而小清新，標記著江榮原在肥皂及人生道路的轉折，也是一種期許與自我提醒。

如今，規模成長為一百五十人的

5　調理

不以濃縮與化學添加，將天然素材研磨與分切及熱煮。

6　注油

肥皂由水油鹼作用而成，採用新鮮的橄欖油、椰子油等油品注入。

7　攪拌

混合了油鹼與青草藥的大鍋，需要長達半天時間的攪拌，接近完成前再加入先前加工的藥草素材和精油。

8　塑型

將肥皂原料注入容器，以冷凝方式讓肥皂塑型。

「阿原肥皂」衍生多項清潔、保養、文創產物，除了工作室，也有農場、倉儲物流及銷售，江榮原體認到，產品堅持手工，品保跟財務管理卻不能繼續「手工」下去，導入系統的人力招募，準備朝向滿編一百八十人發展。但他依然抗拒廠辦、產銷一條龍的工業式管理：「將我們這些『鄉下人』集中在工廠，就變成工人；將工人集中在廠房，就變成作業員，或許這沒有什麼好或不好，但這不是我的選擇啊！我因為很自由而對自己的生活多了一些選擇，也應該讓員工保有自主空間。當時選在鄉下，雇用二度就業、退休或謀生能力不是那麼強勢的人，若為了定性定量的管理而想將他們帶到工廠，改變他們的自在，這不是我想要的企業模式。」

社區共工、共榮的夢想

　　阿原有個夢，這個夢不是偉大的社區總體營造或社會企業，而是社區經由共工、共榮的意識，可以有一些共同的產出、共同的生活連結，鄰里聲息與共：「誰家蘿蔔播種、翻土，我們會去幫忙；誰家的某某要結婚，大家都去祝賀。我們當初

 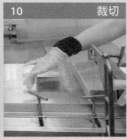  

| 9　　　　皂化 | 10　　　　裁切 | 11　　　　印記 | 12　　　　品檢 |

靜置 45 天待肥皂乾燥定型後將之脫模後，使肥皂逐漸降低鹼度及提升硬度後，準備將皂磚裁切成皂條及皂塊。

將肥皂裁切成定量的大小。

將每塊肥皂蓋印下品名。

肥皂放置逐漸退去鹼性物質，之後嚴選品管每塊肥皂。

就是從參與旁邊的蘿蔔園、地瓜田開始的，習得一技之長可以餬口，同時也送肥皂給附近小學洗手、接受學校或法鼓山邀約去分享，每個人都可以成為授業師、演講者。這些，都不是企業的事，而是自己的事。」

「如同九份芋圓、淡水魚丸，我期待『阿原』創造在地價值，當我們這群人在金山做肥皂，金山就成為肥皂的故鄉，當我們在淡金公路成立心平安園區，也可能變成新北市北海岸的文創明珠。前輩送的一句話經常提醒著我：To be big is not the only way。兩百年前，六十人的公司已經大到驚人；工業革命之後，超過三百人的公司也非常了不得；短短幾十年，數千、數萬甚至幾十萬人的企業，卻比比皆是。如果我們一味急著追求長大，讓這個品牌變得不可愛，有一天可能像當初的廣告設計公司一樣，我反而討厭那樣的自己。」

上半輩子只求安身，後來終於懂得立命。以「阿原」產品洗滌身體而流出去的水，都要成為土地的祝福與養分，是江榮原給「阿原肥皂」的使命：「我們要回歸到最安心的狀態。因為，那些看似被大家所遺忘的細節，最後卻是真正留下的事情。」

（採訪撰文：張麗伽，攝影：許育愷）

13　　　　　擦拭

14　　　　　包膜

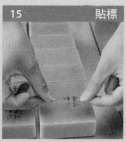

15　　　　　貼標

16　　　　　誕生

擦拭肥皂因裁切與放置所留在表面上的細末。

給肥皂穿上一層保護外衣。

肥皂包膜後貼上前後標籤。

完成。

圖片來源：阿原工作室有限公司

超越基因

「內省、品質、品牌價值」

「阿原肥皂」標榜不碰化學添加物,也沒有多餘包裝與綴飾,不造成人體負擔與環境污染,從一塊可以走入誠品書店的純手工、純天然肥皂,逐步發展出保養、保健、精油、茶飲及文創商品,仰仗的正是台灣本土優質作物的品質,以及重視內在涵養的品牌特色。

「阿原肥皂」帶動了本土手工皂的風潮,而每一個品牌都要面對維護品牌獨特性的艱鉅工作。「阿原肥皂」的堅持在於真材實料,關鍵是樹立文化:「每個品牌都可以說故事,但經營者內心真正的價值觀才是根本。那些價值,是你動心起念的所在。」

阿原認為,靜下心來閱讀、感受美學及內省是必要的功課:「手工性質的製造業,靠的不是機器或模具來控制你所做的東西,專注力跟安靜非常重要,與知識對話、提供想像空間的閱讀是重要的一環,美學則增進對好東西的敏感度。」

他建議年輕的孩子跟電腦保持距離,與其神遊虛擬世界,不如親身體驗:「否則,你以為自己是電腦的主人、自己在操控鍵盤,其實是被設定好的遊戲規則、看似精彩的故事給綁住,被吸引成為電腦奴隸而已。即使有一天長大了,也可能只是被社會的流行、言論牽著走,一輩子無法真正自由。」

產業鏈

- ● 商品開發人員
- ● 物流品管人員
- ● 加工作業人員
- ● 行銷策略企劃人員
- ● 銷售人員
- ● **手工皂講師**
- ● 調香師
- ● 芳療師
- ● 化學工程技術員
- ● 包裝技術員

相關科系

- ● 生物科技學系
- ● 化學工程學系
- ● 材料工程學系
- ● 藥學系
- ● 中國藥學暨中藥資源學系
- ● 化妝品應用管理學系
- ● 植物與保健學系
- ● 園藝系
- ● 森林環境暨資源學系
- ● 資源工程學系

阿原

超級生物課的
過動昆蟲老師

吳沁婕

一九八一年生於台北市,昆蟲老師及作家。畢業於台灣大學昆蟲系,到二十歲才確診自己其實罹患注意力缺失症(Attention Deficit Disorder, ADD),即俗稱的過動兒。一路的求學歷程雖然充滿波折,但堅持實現以研究昆蟲為正職的夢想。其第一本著作《我的過動人生》,為台灣第一本由過動症孩子自己所寫的書,其後出版著作有《昆蟲老師上課了!》、《勇敢做夢吧!》。

還沒見到昆蟲老師吳沁婕，幼稚園的 Angle 已經興奮得呱啦呱啦說個不停：「上次看到她的時候，我四歲，現在五歲了，我可以告訴她，我五歲了嗎？我們可以一起去抓蟲嗎？我今天又可以跟球球玩了嗎？」

你以為，「球球」是可愛的小貓小狗或小蟲嗎？不！牠是不折不扣的蛇！許多大人看到就會尖叫不已的非洲球蟒！在吳沁婕「超級生物課」的引導下，個性溫和、習慣與人類接觸的「球球」成為稱職小助教，大小朋友從害怕到樂於親近牠，同時學會如何正確對待蛇類的豐富知識。親近自然，就是這麼輕鬆簡單，這正是吳沁婕獨特魅力之所在。

「不信邪」的橫衝直撞

吳沁婕長得帥氣，常被誤認為男生，有著與眾不同的職業生涯選擇。她以個人工作室的方式巡迴各地上課與演講，分享昆蟲為主的生物課程，以及她到二十歲才

●吳沁婕的堅持與父母的支持，讓她實現以昆蟲研究為正職的夢想

發現自己罹患注意力缺失症（Attention Deficit Disorder, ADD）的勵志傳奇，既是小小孩崇拜的「昆蟲擾西」，也感動眾多成年聽眾，從幼兒、小學生、青少年、大學生到阿嬤都成為她的死忠粉絲。然而，看似率性的工作背後，卻是從小橫衝直撞、高中差點被退學、台大讀了六年才畢業的笑中帶淚、永不放棄的過動人生。

　　吳沁婕有個異卵雙胞胎妹妹，兩人從小到大都是極端的對照組。她形容：「妹妹很乖巧、有點怕生，總是細心、耐心而有秩序。我卻活潑、話多，媽媽開玩笑說，妹妹的話都被我搶完了，甚至同儕也會受不了而大叫，吳沁婕妳不要再講了！同樣的東西，我一定會弄髒、弄壞、弄丟，妹妹那份都保存得好好的，有時還替闖禍的我求情，但如果有人欺負妹妹，我一定會去保護她。」

　　剛開始，父母想把她們打扮成一對小公主，但公主裝扮嚴重打擊吳沁婕渴望帥氣的心，讓她越來越不開心；最後，媽媽讓步，帶她去剪短頭髮、挑選她熱愛的短褲足球襪，讓姐妹倆各自做自己。不過，在那個沒有太多人知道什麼是「過動」的年代，吳沁婕在學校及日常生活接二連三的暴衝行為，讓本身就是老師的媽媽傷透腦筋，忍不住自嘲當初誤取了一個諧音「不信邪」的名字。值得「慶幸」的是，她天生自我感覺良好，並不覺得自己異於常人，沒有產生太多挫折感，就這麼一路走了過來。

面臨高中升級考驗的重大挫折

　　樂天的吳沁婕認為，自己算是蠻幸運的，或許因為父母勤於跟學校溝通，加上課業成績還不錯，儘管老師對她的觀感兩極化，比較高壓式教育的師長或許討厭她「不受教」，但老師普遍善待她，進而欣賞她有一顆柔軟、樂於助人的心。少數幾次激烈衝突，例如跟她最喜歡的小學老師吵架，多半源於她莫名的正義感，堅持大人

一般人所說的「過動症」，全名是「注意力缺陷過動症」（Attention deficit hyperactivity disorder，ADHD），或稱注意力缺失症（Attention Deficit Disorder，ADD）。目前確切病因不明，推測可能是神經傳導物質異常、遺傳及腦傷所引起，主要症狀包括注意力渙散、活動量過多，造成不專心、衝動、坐不住、情緒和動作控制失調、組織計畫的能力不佳等問題。

醫學界並不認為教養、環境或心理等因素會導致過動症，但是症狀的輕重、持續度、長期癒後則與後天的環境因素（包括父母親離異或婚姻不合、家庭暴力、家庭經濟壓力）及心理因素（包括無自信、低自尊等）有關。所以，父母的管教不當並非造成過動症的主因，然而親職教育和學校是行為治療最重要的環節。

由於過動症的成因複雜，因此需要由相關領域（如普通教育、心理輔導、特殊教育、臨床心理、語言病理、醫學、社會工作）的學者、專業人員及家長等組成的特殊教育專業鑑定小組，實施聯合鑑定。研究顯示，學齡期的過動症盛行率約百分之五至七；保守估計，臺灣至少有二十五萬學子為過動症所困擾。症狀通常出現於幼年，也就是人格、社會適應和學業能力養成的階段，因此容易造成後續的發展問題。由於無法集中注意力，所以學業成績不理想，又因為控制不了自己的情緒及反應，導致人際關係不佳。這些狀況如果延續到青春期甚至成年，可能造成更多家庭及社會問題。以學業及社會成就來說，過動症患者往往高中就休學或退學，較少完成大學學業，通常從事較不具專業性或技能性的工作，職場人際關係較差，也常換工作。

目前並沒有根治過動症的藥物，但可藉由藥物控制改善過動的核心症狀，若及早輔以行為治療、認知治療及特教輔導，配合一些生活技巧的訓練（如時間規劃、情緒控管），可協助過動兒減少上述發展問題的產生，進而和一般學童同樣發揮潛能，實現自我。

也應該講道理，無法忍受被誣賴或坐視對方錯誤，而會不顧一切據理力爭。

吳沁婕說，台灣有一種氛圍，對於會唸書、成績好的孩子給予較多肯定，她在國小及國中的功課還好，又有一股求表現的熱情，無形累積不少成就感。不過，到了高中階段，課業越來越難，加上老師不會天天緊迫盯人考試，學習必須自動自發，她的表現就一落千丈，在高二升高三那年面臨快要被留級的命運。

吳媽媽說，像沁婕這樣的過動孩子，通常是沒有辦法做提早的思考，例如在國二提醒她國三會如何如何，她也很難體會，通常等壓力累積到一定程度，才會產生對應的力量。歷經國三畢業前的魔鬼補習，吳沁婕高中生活如同出籠的鳥兒，幾乎收不回來，導致無法通過升級考驗的重大挫折。

當時，吳媽媽的第一個念頭居然是：「糟了，被同事知道我的孩子留級，會很丟臉。」但她很快就調整心態，主動告訴大家，並且向沁婕分析未來的幾種可能：「我們家的教育方式，就是很清楚告訴孩子有什麼資源、有哪些選項，然後讓她們自己決定。我們希望她先確定自己對讀書是不是真的沒興趣？如果不愛讀書，至少也要拿到高中或高職文憑，然後提早就業。她想了想，覺得讀書還是她比較擅長的事，決定轉學到私立高中再拚一拚。」

找回失去的自己，朝向昆蟲專業

那一年，對吳沁婕、對吳家，都是非常艱難的歷程。沁婕借住在木柵的大伯父家，每天爬一段二十分鐘的山路上學，但那反而是她最放鬆的時光，因為接下來要面對的是學校令人窒息的空氣。不想上學的她經常睡過頭，有一次又遲到了十五分鐘，低著頭走進教室，竟然發現自己的桌椅不見了，抽屜裡所有的東西當然都不見了，同學小聲告訴她，老師叫人將她的桌椅搬到後山。

吳沁婕一個人茫然地往後山走去，看到理化講義在地上、數學講義在地上、筆記本、文具……，一樣又一樣散落，在後山的路上。於是，她沿路將東西撿起來放進抽屜，自己一個人，一步一步，慢慢將桌椅拖回教室，而且忍著眼淚，不讓淚水掉下來。

吳沁婕受到這次震撼教育，選擇自己面對，不想讓爸媽知道這件事，但吳媽媽強烈感受到她的痛苦與極端不適應：「每次陪她吃飯、送她回學校，總覺得很擔心、甚至害怕。我記得當時經常問她：沁婕，妳會不會去自殺？她回答，不會耶，我很怕痛，而且不想跳樓。一個媽媽，為什麼常常問孩子這樣的問題？因為即使孩子不多說，所有的心痛心酸，父母都不可能忽略。考第幾名、考什麼志願，一點也不重要了，我只想著一件事，就是要保有我的孩子、要她好好活著，無論付出什麼代價、放棄什麼，我都願意，這是多麼簡單又困難的卑微期待。」

　　幸而，吳沁婕跟另一個轉學生小美成了好朋友，她找回失去的自己，而且在大學的科系介紹發現台大有個昆蟲系，開始夢想考上之後可以常常去野外抓蟲。其實，她的興趣廣泛，從小喜歡大自然，喜歡畫畫、寫東西，也喜歡棒球、籃球，但體育路不好走，繪畫也不是那麼穩定，她內心盤算著，既然自己愛講話，培養昆蟲專業、成為國家公園解說員應該會是個有趣的工作。

　　吳沁婕說，父母給她很大的自由度，但也教她懂得務實：「你的夢想可以很遠大，要做什麼夢都可以，但如果無法與現實有所關連、實踐夢想的能力不足，最後就會變成家人跟自己的負擔。一般人所謂的務實，是選擇熱門科系或行業，但我們家的務實跟別人不一樣。爸媽從小給我們的觀念是，擠破頭搶熱門不一定是最好的方法，重點是你喜歡什麼？你喜歡的，即使是冷門科目，如果能夠做到無法被取代，那才是你真正的大熱門。直到現在，多數家長看待熱門或冷門的觀念還是很傳統，沒有父母的開明，我無法走到今天這一步。」

二十歲這年，
才揭開自己每一項「缺點」的背後答案

　　然而，吳沁婕跟夢想的距離還是很遙遠。原本不被看好的她雖然考上台大，卻以一分之差與昆蟲系擦肩而過，進了農業推廣系，樂觀的她又叫又跳，想著轉系就好了呀。但是，大學課程卻讓她深感挫折：「每年都差點被『二一』（成績不合格而被退學）。大一只差一科，平均是四十八分，接下來也幾乎都差一兩個學分，即使過關也是剛好六十分及格，只要有一個老師不讓我過關就 bye bye 了。最快知道成績的方式，是拿著學生證到教務處前面刷卡，每年都很恐怖、很緊張，每次去刷成績，我的手都在發抖。」

　　課業跟不上，主要是吳沁婕對某些科目沒興趣，覺得以後根本用不上，學那些要幹嘛？何況，有些教授或許研究成就很高，但呆板無趣的教學方式卻令她完全無

●吳沁婕親切地帶小朋友認識花園中的昆蟲

法接受。能夠讓她興奮期待的，還是選修昆蟲系的專業科目，她心想：「如果每堂課都這麼有趣就好了，我也可以是個好學生呀！」

　　大學課程不如預期，並沒有擊垮吳沁婕，因為她終於揭開人生的一個大謎團。在從事特殊教育工作的姨丈建議之下，大一的她到台北長庚醫院兒童心智科求診，確認自己有注意力缺失症，開始接受藥物協助，她的每一項「缺點」在二十歲這年彷彿都有了答案。

踏上昆蟲老師的實習旅程

　　熱血的她，展開透過轉學考試或轉系申請進入昆蟲系的計畫，屢敗屢戰之下，大三成績終於達到平均七十分的門檻，卻因為大一、大二的分數太糟而依然被拒絕。吳沁婕當場傻眼，整個晚上都睡不著，隔天硬著頭皮打電話給昆蟲系主任，從哽咽講到忍不住放聲大哭。最後，系方召開一次特別會議，決定破例從寬解釋申請標準，鼓勵像她這樣對昆蟲系懷抱高度熱忱的學生。

　　吳沁婕如願以償，大四那年到龍安國小實習講課，首度踏上成為昆蟲老師的快樂旅程，廣受小朋友及家長歡迎，邀請她在實習結束之後繼續留下來。她原本打算，畢業之後到國家公園工作，後來發現自己雖然喜歡生態，但是也喜歡熱鬧，要一個人長久待在山上好像有點困難；穿梭在都市，一邊上課賺錢，又有時間可以做自己的事，似乎是更合適的工作方式。

　　選擇成為專職昆蟲老師，其實是一段艱難的路程。剛開始她還沒什麼知名度，只能賺取少許零用錢，一點一滴建立口碑，但是跟父母約定大四畢業就要經濟獨立的期限很快到

走一條不一樣的路，並思考負責任的選擇

吳沁婕很難分類，她從事自然教育工作，也是勵志作家與演講者。她與教育、文化、出版產業都有關聯，卻是獨特存在的個體戶。

以個人工作室方式運作，主要是吳沁婕認為自己不適合組織：「也有人建議我培養種子老師，將事業擴大，但那不是我想做或擅長的事。每次去上課、演講，看孩子們開心的表情，或者跟大家分享可以走一條不一樣的路、激發不一樣的思維，讓社會體會不見得每孩子都要很『乖巧』而可以容許不同的發展，這才是我覺得幸福的事。我並不想要變成什麼企業的感覺，做不來的事，如果勉強去試，反而給自己帶來很多困擾。」

如果立志想成為昆蟲老師，吳沁婕認為，第一個特質是不怕生、具備基本口才，喜歡大自然，也有興趣瞭解不同的孩子，才能站在小朋友的角度思考。她提醒，剛開始的機緣很重要，不妨從民間昆蟲館等團體的小助教做起，或許不一定能夠賺錢，但可以學習到許多經驗。

她強調，若是真的覺得讀書很痛苦，就去找喜歡做的事，但一定要想清楚，這些事在未來如何跟工作結合：「就像我，不是一直抓蟲就可以變成昆蟲老師的。沒人逼你一定要唸書，但你要思考，不唸書可以做什麼？充分了解自己的興趣與現實狀況，才能做出負責任的選擇。」

來：「必修的有機化學過不了關，我畢不了業，教昆蟲又還無法維生，只好努力去打工，例如到動物園教昆蟲彩繪，或者當籃球比賽的裁判。我的本能是好惡分明，做不來的事情就完全無法勉強自己，只好想盡辦法挑自己喜歡的、可以賺錢的事情，至少讓生活無虞，支持我走下去。」

說來似乎輕鬆，但那段日子真的很辛苦。吳媽媽回憶：「當籃球裁判，一方面是興趣，一方面當然是為了錢。為了吹比賽，沁婕從台大騎五十分鐘的車到泰山國中，兩場可以拿六百元，當時大碗滷肉飯是三十元，她很開心接下來可以吃二十碗滷肉飯，又能撐一陣子了。這段歷程，讓她體認必須認真工作，懂得珍惜賺錢機會，更積極運用自己的能力。」

「ADD 的孩子學習控制、管理金錢是很大的功課。先前，沁婕辦了額度兩萬元的信用卡，我們知道她處理金錢不那麼謹慎，但暫時不動聲色。果然，她很快就超支，循環利息很高，每次領生活費就去付卡債，然後沒錢生活，焦頭爛額糾葛了一年多。我跟她懇談，請她將卡交給我們，而且承諾不再申請新卡，然後替她償債。她清楚知道自己沒有控制能力、坦然面對自己的不足，從此沒有再辦卡，而那張卡跟繳款單，直到現在我都還留著。」

「看她吃苦當然心疼，同事也嘲笑我好狠，但如果給孩子源源不絕的資源，他們永遠無法真正自立，我們不是真的見死不救，而是默默在旁邊守護，關鍵時刻再提供支持。放手，不是撒手不管，而是放掉過多擔心，許多父母常說要放手，結果卻總是擔心過多、支持太少。我們給孩子的三個基準是：第一，不能傷害自己；第二，不可以危害別人；第三，不可以拖累家人。如果這三點都符合，你做什麼事，我就沒什麼好擔心的。她畢不了業而幾乎崩潰的時刻，我們借錢給她，而在許多年之後，她也還清了這筆費用。」

夢想，就是讓自己走出去的力量

吳沁婕的堅持與父母的另類支持，讓她終於實現以昆蟲為正職的夢想。她笑說：「直到現在，還是有些親友覺得這個工作不太正常，好像只是混口飯吃，外人也很難理解教昆蟲究竟在做什麼？總是問我：以後怎麼辦？但我真的很好啊，這是我想做的事，即使遇到挫折，也會很快鼓起動力去做好下一次的準備，沒那麼容易被打敗。剛開始，光是讓幼兒乖乖坐在位子上就是一個成就，慢慢越來越懂孩子的心，看到他們可以專注地看著我，甚至為我瘋狂，小小的臉龐閃閃發亮，一切都很值得。」

成就感，不全然在於金錢收入。有的小朋友本來不怎麼想上學，一聽到有吳

●吳沁婕的昆蟲課，十分受到小朋友的喜愛

沁婕，即使身體不舒服也努力爬起來；有的孩子坐不住，別的課聽不完三十分鐘，但昆蟲課讓他們聽完全程還意猶未盡；本來害怕昆蟲的，聽完回去還可以教爸爸媽媽，一直講昆蟲講個不停。每次聽家長轉述這些，她就特別開心，因為她熱愛的東西都進到孩子心裡面了。

「如果你認真想要，那就努力追求。夢想，就是你走出去的力量。」透過持續出書，愛說、愛寫又愛畫的吳沁婕用自己的故事鼓舞更多人，最新作品正是記錄她如何走出情傷、勇敢做夢的一趟旅程：「我的人生觀是正向的。對我來說，美好是在自己身上、要靠自己去創造，而不是寄託給別人，只要你保有追求美好的動力，就不會失去快樂的能力。」

追求夢想的快樂，正是吳沁婕最超級的一門課。

（採訪撰文：張麗伽，攝影：許育愷）

超越基因

「跨越障礙、堅持所愛、踏實築夢」

二十歲之前，自我感覺良好的吳沁婕不知道自己過動，也不太感受到這是個先天障礙；二十歲之後，注意力缺失的症狀被確診，她順勢選擇適合自己特質的道路，將熱愛昆蟲的堅持發揮到極致，創造非典型的職業。能夠超越障礙，她歸功於父母的支持，而從事特殊教育的姨丈引領她欣賞不一樣的人生，更是她極為崇拜的貴人。

另一個特質，是吳家不斷強調的務實。吳沁婕說，你要做什麼夢都可以，但想要擁有獨立的自由度，基本條件是必須具備養活自己的能力與責任感。如果你無法自立、倚賴父母或其他人過活，就不可能獲得真正的自由，到後來不是被迫事事低頭妥協，就是淪為不負責任的啃老族。

「當你什麼都是自己掙來的，你的人生將會完全不一樣，這比任何能力都重要。因為，為了自己辛苦過，才會真正對你的判斷、你堅持的種種事情負責，不僅賺到金錢，也賺到自己完整的人生。當你做出不一樣的選擇，也才有力量大聲去說、勇敢去做，努力走出屬於自己的道路。」

產業鏈

- 研究助理
- 生物科技研發人員
- 教授／副教授／助理教授
- **生物學專業與研究**
- 農藝作物栽培工作者
- 病理藥理研究人員
- 醫藥研發人員
- 生物／昆蟲保育人員
- 中等學校教師
- 生物防治人員

相關科系

- 昆蟲學系
- 解剖學暨細胞生物學學系
- 生命科學系
- 動物科學學系
- 森林系
- 生理學學系
- 生態學與演化生物學學系
- 微生物學系
- 生化科技學系
- 植物科學研究所

掐指預測天地事
氣象風險管理師

彭啟明

一九七〇年生於桃園縣觀音鄉，台灣氣象學家。於國立中央大學大氣科學系取得學、碩士及博士學位，二〇〇三年創立台灣第一家民間氣象公司——「天氣風險管理開發公司」，並任職總經理。於二〇〇四年《氣象法》修訂後取得台灣第一張個人及公司氣象預報證照。曾任教於清雲科技大學、國立中央大學、中國文化大學，並擔任大愛電視台氣象主播、中廣新聞網《氣象達人》節目主持人、中華民國環境保護學會秘書長、社團法人環境資訊協會顧問及行政院政務顧問等多項職務。二〇一三年被選為台灣開放資料聯盟（Open Data Alliance）會長，戮力於督促政府對民間開放更多原始資料，開展產業的創新價值。

古人夜觀天象，可以掐指算出許多大事，還可以到「欽天監」（皇家天文台）任職；航海的水手、外出的旅人觀天象，可以決定是否改變行程計畫。而現代的天氣專家得到先進科技的幫助，更能精準預測，提供各種協助，大至投資致富、小至明天的活動該不該舉辦，都可能透過氣象得到答案。

「全球暖化」或許是一個抽象而遙遠的議題，但是極端而劇烈的氣候變化，卻是每個人在日常生活中都會明顯感受到的，而氣象預報內容也日趨多元，不再只是預告晴雨或溫度高低那麼簡單。台灣第一家民間氣象公司「天氣風險管理開發」，就是將科學專業應用在各種領域，突破「談天說地」的氣象刻板印象與侷限，協助有各種需求的人來因應天氣變幻莫測所帶來的風險。

創業，是對主流價值的「反對運動」

彭啟明與氣象的因緣或許可以追溯到童年。他小時候在花蓮氣象站隔壁住了兩、三年，儘管當時並不真正清楚他們的工作內容，只覺得似乎很好玩，但這顆小小的種子已經潛藏在他內心。

從天文、大氣連結到地底的大氣科學領域

美國卡翠娜風災之後，越來越多國際企業的財報陸續出現天氣數據，氣象經常被列入財經研究報告的一部份，例如石油期貨或公司股價都可能與氣候產生連動而有所漲跌，如果掌握這些變化而搶先進場佈局，就有機會獲利。這幾年深入天氣經濟學領域的彭啟明，就曾經小試身手，看準「反聖嬰現象」而進場買賣石油期貨，得到三倍的獲利。

因此，彭啟明評估，這個產業的趨勢是氣象、防災與投資，需要具備多元能力的整合性人才，特別是資料科學家或資料軟體科學家。既能寫程式，又能上氣象主播台，同時有能力為企業客戶分析資料、進行趨勢佈局，就有機會成為下一代的氣象達人。

而在市場方面，彭啟明強調，應該將眼光擴及台灣以外的區域：「氣候預測的範圍很大，理論上可以預報全世界。台灣天氣變化複雜，氣象專業工作者的挑戰程度遠超過其他國家，在亞洲具有一定的技術優勢；其次，台灣人很挑，對天氣預報的準確度要求很嚴苛，我們習慣被要求提供最好的服務，以這樣的基礎去爭取國外客戶，是很有可能的。」

彭啟明在高中之前的求學生涯並不愉快，在那個填鴨教學的補習年代，國中生就是一直補補補，在嘉義長大的他也不例外。國三那年，彭家搬到台北，他轉學到介壽國中就讀，學業競爭遠比鄉下激烈，馬上就感受到沉重的壓力與挫折。

　　彭啟明對於考上第三志願成功高中曾經耿耿於懷，後來才看開，善加利用學校所具備的優勢，對學習反而更有利。成功高中旁邊就是台北市議會，經常有群眾聚集抗議，他就近即可旁聽質詢，對於「黨外三劍客」陳水扁、謝長廷、林正杰衝撞黨國體制的發言感到既驚訝又新奇。他認為這或許是激發他走上創新之路的啟蒙，因為，創業就是一種「革命」，是對主流價值的「反對運動」，當你思考如何推翻原有的東西，找到方法並著手實行，就啟動了創新的因子。

一顆彗星掀開大氣科學領域

　　一九八六年，彭啟明將升高二，每隔七十幾年才能在地球裸眼觀察的哈雷彗星來了，在台灣掀起一股觀星熱潮，他也擠到圓山飯店下面去追星。原本不知道修習人氣知識可以做什麼的他，認真考慮將相關科系列為志願，之後也順利考上中央大學大氣系，從此一頭栽進這個從太空天文、大氣連結到地底的領域。

　　大學四年，彭啟明花了許多時間投入公共事務，大二、大三連續兩年參與學生幹部訓練，認識了許多別系的新朋友，也學習如何溝通折衝。大三那年，他與各系

代爭取校方支持催生學生議會，學生議員的選舉投票率高達百分之五十。學生議會構想的實現，讓他深受啟發與鼓舞：「即使僅僅是一個想法，只要努力去推動，夢想就可能實現！」

　　彭啟明因為太投入外務了，一度想轉往其它領域，不過後來還是覺得大氣是他的「真愛」，一路攻讀碩士、博士，深入空氣污染與氣候變遷等議題，找尋大氣科學與每個人生活的連結。他曾經形容，那段時間是「以中大為家」，一年三百六十五天，除了農曆春節的短暫假期，幾乎都在學校裡。

除了學界之外的研究選擇？

　　一九九九年，三十歲生日當天，彭啟明通過博士論文口試，卻突然有了不一樣的想法：「原本很高興終於拿到博士學位，但轉念一想，學術的道路如此漫長，博士只是拿到第一張門票，這不是結束，而是重新開始，未來要做的事情還很多。我

●彭啟明與他的團隊

本來嚮往當科學家，也許有一天可以到NASA（美國太空總署）等國際機構工作，然而，學界排資論輩，最年輕的我只能排排站，收入有限、工作時間很長，真的要這樣一直走下去嗎？」

彭啟明的困惑，一時之間沒有答案。他繼續投入博士後的

●透過攝影棚的綠幕與電腦影像結合，呈現氣象播報畫面

研究工作，一方面鑽研當時在台灣還很冷門的沙塵暴問題，一方面蒐尋國外如何運用氣象專業，結果大開眼界，光是「weather」（天氣）這個詞就查出許多關聯，甚至衍生運用在經濟、保險等意想不到的領域。於是他主動寫信給國外相關公司，希望趁著出國參加研討會的機會參觀訪問，剛開始石沉大海、沒有下文，最後總算有一家舊金山的公司願意見他。這趟參訪讓他大開眼界，發現只要幾個人就可以成立公司，規模看似很小，做的事業卻很大，激起他創業的想法。

二〇〇一年，中國的一場沙塵暴引發連鎖效應，不但鄰近國家日本、韓國的學校必須停課，DRAM（※）產量占全球市場五分之一的韓國三星集團Hynix工廠也災情慘重，嚴重污染造成空氣過濾系統故障，工廠一度停止運作，彭啟明注意到，韓國DRAM產量不足，反而帶動台灣南亞股價連續三天漲停板。這場沙塵暴讓他茅塞頓開，從此逐步建立對氣象經濟學的敏銳度，成為他後來的重要工作內容。

二〇〇三年，有心突破的彭啟明參加「登峰創業營」比賽，接受專家的財務與投資知識輔導，補充自己在經濟領域的不足：「營隊的專業課程告訴我們，創業要

※ DRAM是動態隨機存取記憶體（Dynamic Random Access Memory）的簡稱，主要是一種半導體記憶體。

●彭啟明擔任大愛電視台氣象主播

具備什麼精神？如何檢驗自己適不適合創業？要怎麼寫計畫？如何掌握財務狀況？然後寫一個計畫參加評比競賽。最後，我拿到第二名，贏得一百四十萬元獎金。」

依照競賽規定，彭啟明必須登記成立公司，他心想，真的可以做嗎？如果選擇創業，就是一條離開學術圈的不歸路，一出去就無法回頭，真的要這麼冒險嗎？已經晉身助理研究員的他，決定先試試水溫，透過中央大學育成中心的合作，與朋友共同成立「天氣風險管理開發公司」，展開創業測試。

氣象達人的事業開展

初試啼聲的對象是剛起步的 WAP 上網手機。他遊說中華電信，建議提供氣象資料給用戶瀏覽收費，但對方的反應是：「不好意思，中央氣象局的資料免錢，而且大家看報紙或電視就好了啊，誰會願意為這個付錢？」他只好找當時最大的手機業者 NOKIA，替他們主攻女性顧客的粉紅機 3100 設計氣象服務功能，參與開會的

一位台大實習生妹妹當場吐槽他說：「彭博士，你給了一堆什麼衛星雲圖、雷達回波圖，但我只想知道明天穿什麼衣服就好了啊。」

使用者的心聲，激發彭啟明設計「小美女氣象」的靈感，這款內建在手機裡面的客製化設計簡單易懂，大受女性好評，後來成了NOKIA3100的廣告之一，原本拒絕他的中華電信回心轉意，台哥大、遠傳等電信業者也紛紛與他合作。剛開始只有四萬多元的生意，其實是賠本在做的，但後來全台灣訂戶將近一萬名，每個月收費三十元，拆分帳目之後，一個月收入一、二十萬元，成為公司的第一桶金。

接著，中廣找他主持《氣象達人》廣播節目。彭啟明評估這個工作可以廣泛接觸各領域的人，即使沒有酬勞也欣然接受：「企業不能只想到賺錢，取得信賴之後，很多機會自然而然就進來了。我主持十年，陸續訪問超過一千人，就能做更多事情。」這樣的想法確實讓更多人看見彭啟明，也埋下日後與《大愛台》長期合作的機緣，原本沒有電視經驗的他，因而躋身氣象權威主播，打造專業攝影棚設備，為觀眾提供更完善的服務。

二〇〇四年，《氣象法》修訂，彭啟明取得台灣第一張個人及公司氣象預報證照，並且嘗試與保險公司合作推出台灣第一張天氣保單。美國很早就有天氣保單，日本也有類似產品，主要是保障氣候變化造

打造客製化氣象預報

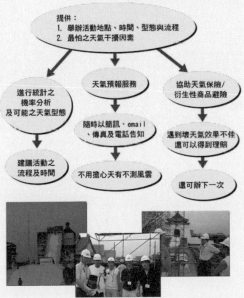

成的風險。為了這張保單，他擔任保險公司顧問，設計出來之後，保險公司不知道該怎麼賣，他還直接站上第一線遊說客戶，結果一直被打槍。

彭啟明坦承，這個創新的點子，在台灣其實是失敗的：「我們跟國際的鍊結度不夠，企業的認知度也低，總共只賣出五張，第一張保單是宜蘭賞鯨業者，後來陸續也有遊樂園或辦活動的客戶投保。然而，同樣是天氣險，在印度就相當成功，農夫投保率高達七成，台灣的金融、農業部門保守落後，一心只想靠政府編列的天災損失預算，就這樣錯過推廣的時機。」

量身打造客製化的氣象預報

兩年的營運，讓彭啟明在二○○五年下定決心離開校園，全心投入推廣氣象的商業運用，包括環保清碳的跨企業合作、為公路總局研發「公路天氣防護系統」快速

決定是否封鎖公路以降低傷害,都是他們的得意之作:「有人認為,看中央氣象局網站不就好了嗎?事實上,氣象資訊根源看似相同,但依據客戶的不同需求,服務角度就會不一樣,中央氣象局是『大家的』氣象局,公佈訊息比較籠統;我們是『你的』氣象局,為每位顧客量身打造客製化的內容,預報必然更精準。」

「有些客戶想知道,今年會不會更冷?夏天會比較熱嗎?針對服裝產業、糧食預估或石油期貨等各種投資,分析重點有所不同,服務通路也各不相同。我們經常遇到客戶想知道小範圍的預報,例如有人準備在信義計劃區辦戶外活動,需要場地附近在活動預定期間的降雨機率、氣溫變化,以確保活動成功;也曾經有群眾動員、選舉催票,先來諮商天氣狀況的案例。」

「預報的精準程度跟人員專業有關,也跟成本有關,一分錢、一分貨,想要更準確,就難免花費更多。客戶總是在氣候敏感的時候尋求協助,要求萬無一失,但任何預報準確度都不可能百分之百,我們通常是九成,一百件或許有七、八件漏失;想減少預測不準的風險,就需要天氣險,但絕大多數的客戶

課堂之外,
也勇於追尋
自我的學習

彭啟明深切體會,國中到高中階段是累積興趣跟專業最重要的時候:「不要只重視考試成績,應該勇於追尋自我,在課堂之外也要大量學習、找尋自己真正喜歡的東西,或許一場演講就可能激發你。只想符合升學需求是很危險的事,如果沒有找到你擅長或想做的事情,即使成績再好、考上台大,你頂多跟其他好成績、好學校的人一樣,卻欠缺自己的特色,不見得就有最好的未來。」

「要求每個人都一樣的傳統教育,很難培養創新的人才。以教育體制而言,美國顯得比較創新,日本遜乎其後,台灣更不必說了。我有個朋友在教小學生寫程式,如同王建民從小玩棒球,到了十七、八歲已經很厲害,具備寫程式天份的孩子也一樣,就像臉書的創始人祖克柏(Mark Elliot Zuckerberg)很早開始寫,大學就開花結果了。」

都不願意另外付錢去保險。」

　　「客戶也需要教育,我們在事前儘量告知風險度,說明是以什麼樣的工具進行預測,讓他們可以了解及諒解。一般而言,跟我們合作多了,對這種風險通常是可以容忍的。但有些客戶堅持要清楚知道究竟是會下雨?還是不會?遇到晴時多雲偶陣雨的時刻,彼此難免有認知差距。有一次,客戶在陽明山中國麗緻飯店辦婚禮,我們評估應該 OK,當天同樣在陽明山的文化大學附近也確實是好天氣,偏偏飯店這一小塊區域就下雨了,最後只好跟他道歉,並且不收費用。」

啟動「Open Data 開放資料」的創新思維

　　彭啟明滿懷熱情,希望能夠像美國一樣,有朝一日成立專屬的氣象頻道,並

且將目光遠眺氣象之外的前方。二〇一三年，他被選為台灣開放資料聯盟（Open Data Alliance）會長，督促政府對民間開放更多原始資料：「教育、金融、消費、犯罪……，都有許多可以開放的原始資料，資料公開可能改變整個體系。以教育為例，全世界有十億正在受教育的人口、五千八百萬名老師、四兆美金的經費，公開並分析相關資料，可以讓教育資源運用更有效率，例如美國已經有平台可以測試自己適合什麼樣的中學、大學，或是先掌握企業界未來需要什麼樣的人才，減少學非所用的狀況。」

「Open Data 所代表的，正是創新的精神，蘊含的產業價值可能很高。國外有人分析各區域的犯罪資料，衍生出方便運用的設計，讓民眾事前掌握哪些區域可能要提高警覺。台灣現在一天到晚說要拚經濟，政府應該提供工具、完備環境，像矽谷一樣，啟發有心創業的年輕人投入新思維、開發新東西，不是讓他們只能賣咖啡，或是去夜市擺地攤。」

「今天不讓年輕人失望，未來的年輕人就不會讓你們失望。」大四那年的彭啟明代表畢業生致詞，引用了哈佛校長的一段話。如今，他一本初衷，只是身份角色互換，以行動向天空追索答案。

（採訪撰文：張麗伽，攝影：汪忠信）

超越基因

「理念、勇敢、跨領域」

每個人都應該具備「理念」，彭啟明認為創業更應該如此：「不是只求多賺五萬、十萬，而是你想推動某種改變，花時間思考、研究社會趨勢之後，甚至不惜從零開始去創造一個團隊、一種事業。有許多職業是目前不存在的，別人可能看不出來你為什麼要在這個時刻做那樣的決定，也可能十個夢想只有一、兩個會成功，但抱持理念的人，知道自己為何而戰，即使這次失敗了。也可能成為下一次成功的累積。」

第二個彭啟明強調的特質是「勇敢」。彭啟明有一群創業的朋友，都跟他一樣在年輕的時候勇敢踏出「舒適圈」，迎接自己生命與生活的轉折：「我在三十歲跨出學術領域參加新活動，從必須發名片自我介紹到別人主動邀請我，甚至代表台灣參與聯合國關懷氣候變遷議題的活動，都是一路闖盪出來的。年輕的一代應該努力跟世界競爭，如果只求安穩，每個人都想考個公務員、端個鐵飯碗，不敢創新、不想創業，台灣的未來就危險了。」

第三個特質，是發揮「跨領域的專業」。彭啟明坦承，台灣的大氣科系畢業生，九成都轉業了，但其實很多科系也都如此，想要有別於其他人，除了精進原有的專業訓練，必須掌握、經營跨領域的知識，才有機會建立獨門特色，搶得一片天地。

產業鏈

- 氣象保險規劃員
- 氣象主播及播報員
- **天氣分析師／氣象相關研究員**
- 氣象模式暨空氣品質模式發展工程師
- 教授、學校教師或研究助理
- 應用地質技師
- 地質與地球科學研究員
- 天文相關研究員
- 環境工程師
- 資料軟體程式科學家

相關科系

- 大氣科學系
- 地球科學系
- 地質科學系
- 地球與環境科學系／地球環境暨生物
  資源學系
- 生命科學系生物與地球科學教學班
- 海洋生物科技暨資源系
- 海洋學系／海洋環境資訊系
- 水利及海洋工程／工程科學及海洋工
  程學系
- 航空太空工程學系
- 環境工程與科學學系

◎ 藝術學群／文化創意產業

將族人的智慧
銘刻在身體裡

舒米恩　Profile

阿美族語全名 Suming Rupi 的舒米恩‧魯碧，漢名姜聖民，一九七八年生於台東縣東河鄉都蘭村，舒米恩工作室音樂製作人。台東高中畢業後，北上就讀國立台灣藝術大學圖文傳播藝術學系。曾在二〇〇二年組成「圖騰樂團」，獲二〇〇五年台北貢寮國際海洋音樂祭大賽首獎，除歌手外，也具有演員、劇場舞者、畫家、傳統竹編工藝師等身分。溯源家鄉的念頭傳達在行動與創作之中，單飛後選擇以母語電音完成《Suming 舒米恩》首張原創專輯，以流行帶動傳統的新世代定義，獲金曲獎最佳原住民語專輯獎肯定。於二〇一四年榮獲台灣音樂文化國際交流協會——硬地英雄獎，近年致力於都蘭的部落文化及青少年教育推廣。

出身台東都蘭的創作歌手舒米恩，身上流著阿美族的血液，臉上漾著燦爛笑容，遊走在城與城、國與國之間，儼然成了都蘭的青年大使，用歌聲傾訴家鄉的美好。二○一四年初，舒米恩獲頒台灣音樂文化國際交流協會「硬地英雄獎」，資深樂評人翁

嘉銘的獲獎理由寫道：「舒米恩的音樂與歌曲創作介於傳統與流行之間，多點現代感，希望現代人喜歡原住民歌謠，不讓部落新生代覺得原住民音樂落伍，也可以是新潮的、國際感的，像 E.T. 似地可連繫古老與新血。」

舒米恩早年籌組「圖騰樂團」，在二○○六年發行第一張專輯《我在那邊唱》，到近年單飛發行個人專輯，嘗試結合民謠、電音、拉丁舞曲、古典弦樂等各式編曲，曲風豐富而創新，二○一○年更推出首張個人母語專輯《Suming》，獲得金曲獎流行音樂作品類最佳原住民語專輯獎。

對於原民文化，舒米恩如今是念茲在茲；但對於兒時的他，這不過是生活的一部分而已，喜歡，是後來的事了。自幼生長於台東的他，自認童年過得平凡，一直要到北上唸大學，族群自覺才漸被喚醒；他說，這一切都是「被別人凸顯出來的」。

幫同學寫歌追女友，開啟音樂創作之路

舒米恩念都蘭國小的時候就參加樂隊，也在教會練鋼琴，對於音樂並不陌生。進入都蘭國中之後，舒米恩的成績一直是名列前茅，同屆只有他考上台東高中。進了高中之後，他花不少時間玩社團，加入管樂社吹豎笛。當時有個同學要追女朋友，寫了詞，請舒米恩幫忙寫歌，並將歌曲錄製下來，送給那女孩子。後來同學雖

然沒追成女朋友，卻開啟了舒米恩創作的契機。他開始想自行寫音樂。動機很簡單，純粹是想要寫、想要玩、想要嘗試，「創作的時候，可以自行決定它要長什麼樣子，我寫什麼就是什麼。再者，你的創作又被人家喜歡，就會更有信心。」

這段期間，他也寫流行歌，四處參賽。那時他還不會唱歌，也不會彈吉他，就找了朋友來唱歌，由他彈鋼琴。比賽得獎了，就有獎金，對他而言，這是最實質的鼓勵。舒米恩回想起來，認為音樂的確帶給他不一樣的刺激，「還好我在教會長大，還好有參加學校樂隊，雖然那時懵懵懂懂，老師也只是點名要我去，但對我來講，那就是一個環境，讓我窩在裡面，開始瞭解這些樂器，或開始聽音樂。」

幸運進入包容開放的學習環境

高中畢業後，他沒能考上大學，父親希望他去讀軍校，母親則要他去花蓮做板模。這份工作他做了三個月，整日搬東西，爬上爬下，累得受不了，還是回頭報考大學。舒米恩本來念自然組，但數理不好，補習班老師建議他轉社會組，放榜之後

考取台灣藝術大學圖文傳播藝術學系。談起就讀科系的選擇，舒米恩直言，「完全沒有考量到興趣，我只想要離開做工的環境而已，但自己的未來是什麼並不知道。」

大學階段是舒米恩人生的轉振點。他發現周邊的朋友有的說要拍電影，有人跳舞，有人畫畫，有人玩音樂，讓他眼界大開，除了本科之外，電影、廣電、工藝、國樂、戲劇系的課，他幾乎都去修了。唯獨音樂系的課，他就算想上，也因基礎不夠而無法選修。

「藝術學院有個特質，很容易包容，很喜歡激盪，溝通過程是比較開放的。」相較於其他原住民的遭遇，舒米恩自覺處境好太多了，他的原住民身分反而成了優勢。當他提及自己是原住民時，便有人問，你會編織嗎？他一講編織，工藝系的學生就非常佩服他，因為他們不會，也不懂。他甚至跑去工藝系當助教，教竹編，還有薪水可領。聊到圖騰，美術系同學也露出欽佩眼神。至於原住民歌謠，那更是他長久浸淫的文化，國樂系的同學也甘拜下風。

**舒米恩
代表作品**

音樂

- 二〇〇六 圖騰樂團《我在那邊唱》專輯（中華音樂人交流協會年度十大專輯、入圍第十八屆金曲獎流行音樂類最佳樂團獎）
- 二〇〇七 艾可菊斯樂團〈眼睛眨眨〉、〈養樂多〉、〈利澤簡 好美〉、〈都蘭古調〉單曲
- 二〇〇九 圖騰樂團《放羊的孩子》專輯（第一屆金音創作獎－最佳專輯獎、最佳現場演出獎）
- 二〇一〇《Suming 舒米恩》首張原創專輯（中華音樂人交流協會年度十大專輯、第二十二屆金曲獎流行音樂類最佳原住民語專輯獎）
- 二〇一二《Amis 阿米斯》原創專輯（入圍第二十四屆金曲獎流行音樂類最佳原住民語專輯獎及第二十五屆金曲獎流行音樂類演唱類最佳作曲人獎）
- 二〇一三《Amis Life 美式生活》原創專輯

戲劇

- 二〇〇四 紀錄片《海洋熱》（台北電影節評審團特別獎、觀眾票選最佳影片）
- 二〇〇七 公視人生劇展短片《跳格子》（第四十五屆金馬獎最佳新演員獎）
- 二〇〇九 電影《誰在那邊唱》
- 二〇〇九 紀錄片《TOTEM song for home》
- 二〇〇九 公視人生劇展《我在這邊唱》
- 二〇一二 電影《甜·祕密》
- 二〇一二 台視《罪美麗》

城市裡的寂寞漂流

　　但就算藝術學院許多才華奔放的年輕人，但卻不見台東人。「上來台北好像很寂寞，沒有原住民的朋友，只要講到台東，大家都不熟悉，也沒有人可以跟你呼應。」但是一談到家，舒米恩又有許多無奈。

　　舒米恩北上就讀大學後，家裡因債務問題，房子被查封，有家歸不得，「頭兩年都跟僑生去華僑實驗中學包水餃，否則過年不知道去哪裡，因為學校宿舍會關，舍監說趕快回家過年，沒家可回呀！」

　　唸完大三，他因繳不出學費而決定休學當兵去。當兵期間，碰到吉他手阿新，有了組團的想法，第二年，阿新又找了主唱查瑪克、鼓手阿勝、貝斯手阿 wei 等人，在二〇〇二年組成「圖騰樂團」。除了被戲稱是靠「漢人保障名額」才入團的阿wei，其他團員都是原住民。

　　當時舒米恩對樂團一點概念也沒有，對他來說，這幫人聚在一起，純粹是喜歡音樂。圖騰的創作以漢語為本，同時融合原住民吟唱，熱力洋溢的即興互動，讓聽

●二〇〇二年，舒米恩與到吉他手阿新、主唱查瑪克、鼓手阿勝、貝斯手阿 wei 組成「圖騰樂團」

過的人留下深刻的印象。後來圖騰開始參賽，並受邀於音樂節演出，逐步累積表演經驗與人氣，二〇〇五年，圖騰第三度參加海洋音樂祭，獲得「貢寮國際海洋音樂祭海洋大賞」。

由龍男‧以撒克‧凡亞思執導的紀錄片《海洋熱》、《海洋熱2》，記錄了圖騰參加海洋音樂祭的歷程。龍男始終難忘，二〇〇四年圖騰再度入圍複賽，卻依然未能進入決賽，某個晚上，他鼓吹圖騰去小舞台表演，爭取曝光機會，沒想到他們卻興致缺缺，直說要返鄉參加豐年祭。龍男心想，豐年祭年年有，少去一趟又如何？「在這個地方心情受傷了，大家直接的反應就是想要回家去。」他們的回答讓龍男無語。

家與部落，到底有什麼意義呢？「其實我也是因為有團員才想要回家。阿勝、阿新他們那邊，人少，尤其阿新那個部落，可是就很團結，有一種氛圍，兄弟之間都會互相照顧。」阿新是排灣族，來自台東市新園里卡拉魯然部落，舒米恩過去沒什麼機會去他族的部落，二〇〇二年，他第一次去排灣族的部落，看見由年輕人組成的青年會，不分長幼，玩在一塊，讓他好生羨慕。「有哥哥帶頭，當然做什麼事情

●每年七月的 Kiloma'an 基路馬岸祭典（豐年祭），舒米恩和部落的年輕人們都會力排萬難返鄉團聚

都會比較有勁，有人起了頭，後面做小的只要跟著就好了。」這份欣羨在心底慢慢發酵，轉化成他投入帶領部落青少年的決心。

在此之前，他並不那麼熱衷部落事務，「因為我覺得無聊，加上聽了很多負面的評價，好像原住民只會唱歌、喝酒、跳舞。既然豐年祭也不過就是唱歌跳舞，何

必回去，搞得那麼累？大家對你的期待也不過如此，你只是滿足他們的刻板印象而已。」但是其他團員的部落凝聚力這麼高，年輕人動員能力這麼強，又讓他覺得不可思議。他甚至一度覺得，為什麼自己不是排灣族？為什麼不是卑南族？

舒米恩開始對部落事務感興趣，回都蘭參加豐年祭，但是有家歸不得，他便偷偷拆開封條，鑽入斷水斷電的空蕩房屋，勉強住下，「還是會想家。沒有歸屬啊！我要去哪裡？我又不是台北人。」直到後來家裡的債務逐步清償，舒米恩才慢慢恢復基本的生活機能。

母語電音，以流行帶動傳統

圖騰在舒米恩的音樂實踐跟生長背景之間形成了一個交會點，對他往後創作有很深的影響，在此之前，他從來沒想過可以做原住民音樂。舒米恩開始寫母語歌，唱片公司老闆聽了覺得樂風很有特色，就決定以此作為圖騰的定位。圖騰第一張專輯《我在那邊唱》中就收入舒米恩寫的母語歌〈父親的話〉、〈馬太鞍的春天〉。

創作母語歌，讓舒米恩找到回到部落的路，也拉近了他與父親的情感。舒米恩

的父親從事遠洋漁業，常年待在海上，聚少離多，親子關係生疏。「我真正比較認識我爸爸，應該就是我開始要做母語創作的時候。」他的雙親母語都很流利，但跟孩子都講國語，缺乏練習的機會，母語自然難以進步。舒米恩一開始寫母語歌的時候，母語能力沒那麼強，寫詞要押韻腳尤其不容易，但他並沒想到去請教父親，後來才知道父親在船上時常讀母語版的《聖經》，造詣了得，此後，父親就成了舒米恩的母語創作指導。第二張專輯《阿米斯 AMIS》中收錄的〈遠洋〉，便是他獻給父親的。

舒米恩感嘆，如今部落裡的孩子大多不會講母語了，接觸母語的機會，若非學校授課，便是父母管教時，自然難以喜歡上。都蘭豐年祭每年都有現代舞比賽，總是放王宏恩等人的歌，舒米恩不由得納悶：「為什麼沒有阿美族的歌？阿美族沒有人寫舞曲嗎？」

二〇〇七年，他幫溫嵐做舞曲，接觸到印度電音、韓國電音、英文電音，還有台客電音，就覺得很好玩，不曉得有沒有屬於原住民式的電音？反正小朋友那麼愛聽電音，把母語放進去會怎樣？」他幫溫嵐寫的舞曲也融入原住民元素，效果很好，於是激發了他做母語電音的念頭。舒米恩緊抓住他們崇尚的流行氛圍，故意把

阿美族的年齡階層組織——巴卡路耐（Pakalongay）

阿美族的年齡組織是由部落中的成年男子所組成，根據長幼之序劃分成不同階層，負有教育、政治、經濟、宗教等功能。巴卡路耐意謂「被使喚的人」，泛指十二歲至十八歲的青少年，屬年齡組織預備組，須善盡服務長者之義務，並從事各種勞力工作，學習母語、歌舞及雕刻、採集、捕魚等部落傳統技藝。巴卡路耐訓練營於每年七月豐年祭前夕舉行，為期數天，由部落長老及哥哥姊姊教授傳統技能。

都蘭的年齡組織採「創名制」，每五年晉級一次，當巴卡路耐要進階為青年階級（kapah）時，部落長老會根據當時具代表性的人、事、物給予級名，如舒米恩所屬的「拉千禧」，乃因該階級晉升之年適逢西元二〇〇〇年而命名。

●感嘆部落裡的孩子大多不會說母語，舒米恩將母語與電音作結合，意外獲得年輕人的回響

青少年喜歡的流行音樂和不喜歡的母語結合在一起，沒想到他們的反應比預期還熱烈，讓他很驚訝。而且，舒米恩也在猶豫，全新創作跟傳統歌謠，究竟要做哪一個？現存的傳統歌謠，曲曲動聽，難免擔心被比較；至於曲風方面，若採取民謠形式，又有胡德夫、陳建年等前輩，「所以那時候才比較極端，一開始做母語創作就直接做電音了。」

「我用母語唱，可是怎麼是電音？其實也滿衝突的，電音給人家一種很現代的感覺。母語和電音本來是兩個感覺很遠的音樂元素，可我覺得一點都沒有距離，很好玩。」舒米恩大膽以電音翻玩，必須面對的，是一個更無法預知的市場。未料，專輯一推出，一般大眾迴響熱切，使得他格外有成就感。

嘗試將原住民音樂結合電音、弦樂，當然有人不表認同，對此，他說得篤定：「我們回不去了，如果一味依循傳統，終究只是復古，而非傳統，我們應該找到新的出路。」對他而言，如何融冶衝突，才是這個時代原住民必須面對的關鍵課題。

●舒米恩的演唱會常常讓部落的弟弟妹妹們上台，既是分享舞台，也是在城市中一起歡唱

活在當下，將族人的智慧銘刻在身體裡

這幾年舒米恩愈來愈喜歡古調，每次聽老人家講起歌謠的意義，總覺像傳說般神奇。他的專輯《Suming》裡頭有一首〈祈雨的婦人〉，便是源自部落老人家流傳的祈雨歌。相傳一旦吟唱此曲，天便將降下大雨，偏偏老人家又說不能隨便唱，以致年輕一輩苦無機會見識。某年豐年祭，老人家終於首肯，決定辦一場假的祈雨祭讓年輕人觀摩。他還記得那是一個豔陽天，祈雨歌一唱，轉瞬間大雨傾盆，教現場的人都看傻了眼。

舒米恩對於「唱歌為什麼會下雨」一事的好奇，一如對於魔法的好奇。一開始，他純粹是很想學祈雨歌，想知道那歌究竟有多神奇，「後來才了解人尊重天地的態度，或是阿美族怎麼去面對颱風等殘酷的天象、老人家的智慧是什麼，這都是後來的事了。那種好奇逐漸演變成喜歡，愈來愈深刻，講到後來，根本就是一種哲學。」

有此領會之後，他斷然放棄當初一心想學這首歌的念頭，沉澱了一陣子，寫下〈祈雨的婦人〉。「我無法復刻前人的生活，很多傳統歌謠的涵義都是老人家講，我也只能想像，可我已經活在現代，怎麼回得到過去？回不去了。可是這些智慧、這些

哲學如果能在生活上有些應用的話，我會覺得是很棒的一件事情。」

二〇一三年歲末，舒米恩發行第三張個人專輯《美式生活》，一改先前的母語創作路線，首次挑戰全中文創作。「這張中文專輯對我來講是很大的突破，我太久沒有寫中文歌了，而且要用中文歌闡述我現在的生活狀態很難，尤其是歌詞，比母語還難。」在母語裡面，可能只是自己人跟自己人玩而已，今天出來唱中文，那才是真正的挑戰。

乍聽「美式生活」，多半會想到「美國式」的生活，而不會想到「阿美族」。舒米恩笑說，「『美式生活 Amis Life』裡面有三種語言耶！中文、英文、阿美語。」某種程度上，這也體現了生長環境的多元複合及其中隱含的矛盾情結。舒米恩指了指都蘭家中的蘋果電腦，這個畫面難道不衝突嗎？「從以前到現在都很衝突，這就是阿美族最屬害的地方，如此衝突的畫面怎麼這麼融洽呢？那就是一種活在當下的精神，很酷。」

「原住民的文化都是口傳，沒有文字記載，所有東西都得親身經歷，用身體學習，記在你的身體裡面，如果熟練到成為一種反射動作，就不會忘記了。」活在當下的舒米恩，不斷嘗試以屬於這個時代的方式，銜接古老傳統，一次又一次，透過實際經驗，將族人的智慧銘刻在身體裡，走著走著，總會知道路在哪裡。

（採訪撰文：王昀燕，攝影：汪忠信）

「懷抱使命感、具備高度執行力、扎根傳統，推陳出新」

往往，問舒米恩何以有此決定或行動，他的回答經常是「喜歡」、「好玩」，而這份簡單的動機卻不自覺地引來了巨大的使命。無論是發行個人創作專輯，或是年復一年舉辦「海邊的孩子」演唱會，將收益全數捐給都蘭部落青少年，作為傳統技能訓練及教育活動的經費，乃至推動部落小旅行、舉辦「阿米斯音樂節」，舒米恩始終以其高度的執行力，將他的理想與使命貫徹到底。

作為一名音樂創作人，舒米恩不僅在創作上推陳出新，融合流行元素與母語歌謠，開創不同曲風，更將音樂視為一種中介，邀約聽眾穿透語言的隔閡，走進他的歌裡，同時也走入那一片自小哺育他的母土。

當城鄉流動愈來愈頻繁，年輕一輩紛紛往城市謀職求生之際，心心念念故鄉的舒米恩，卻像一尾執著的魚，逆著主流的趨勢，勇健地往傳統文化溯源。但他又不拘泥於傳統，而是強調「活在當下」的精神，善用靈活的思維，將前人的智慧應用於當代生活。或許正是這份矢志扎根傳統的心意，讓舒米恩的創作有了更寬廣的向度。豐富的部落經驗厚實了他的底蘊，當他一開口，那份溫厚綿長的力道自然穿透人心，感染了許許多多對家、對土地有所眷戀的人。

- 演奏家
- 演藝人員
- **歌手**
- 聲樂家
- 原民會公務人員
- 博物館教育人員
- 作曲家
- 經紀人
- 配樂師
- 音樂老師

- 音樂學系
- 中國音樂學系
- 民族學系
- 表演藝術科
- 大眾傳播科系
- 戲劇學系
- 劇場設計學系
- 人文社會學系
- 臺灣文學系
- 中文系

再現時光記憶的
文物醫師

蔡舜任

一九七八年生於高雄市，蔡舜任藝術文化有限公司負責人，油畫及木構件彩繪文物主修復師。畢業於東海大學美術系，並於臺北教育大學完成藝術跨域整合博士班研究。是第一位取得義大利翡冷翠史賓內利宮修復學院學士學位、油畫修復師執照的台灣學生，也是歐洲修復大師史蒂芬諾‧史卡佩里（Stefano Scarpelli）的唯一台灣弟子。曾於烏菲茲美術館修復西洋繪畫之父喬托（Giotto di Bondone）畫作，回台後，於二〇一一年成立「TSJ 藝術修復工事」，亦曾任台灣藝術大學古蹟藝術修護學系客座助理教授，持續為台灣古蹟修復投注心力。

●蔡舜任率領團隊修復潘麗水畫師的四扇門神

　　一個日常的上午，隱身台南巷弄裡的尋常民宅，隔壁傳來裝潢施工的陣陣電鋸嘈雜聲。「TSJ 藝術修復工事」負責人蔡舜任向一群成大建築系學生揭開長長的布幕，霎時間，彷若時光逆流，眾人眼睛為之一亮：「哇！門神，容顏再現的潘麗水門神！」

　　藝術品修復這一行在台灣還鮮為人知，修復師如同「文物醫師」，長年在恆溫攝氏二十五度、溼度百分之五十的密室裡，妙手回春百年前的藝術結晶。十年前，蔡舜任連一句義大利語都不會講，就毅然動身前往義大利，展開一場學習修復的探險旅程，歷經曲折艱辛的學徒生涯，終於成為歐洲修復大師史蒂芬諾・史卡佩里唯一的台灣弟子，並且進入佛羅倫斯烏菲茲美術館，首創台灣人修復文藝復興大師、西洋繪畫之父喬托畫作的紀錄。三十五歲的他，如今以專業油畫及木構件彩繪修復師的身分，致力於修復觀念的推廣與技術傳承，希望為台灣培養更多文化資產的守護者。

潘麗水的
門神

出生於台南的潘麗水（一九一四～一九九五）是台灣廟畫界最具代表性的人物，作品遍及全島，光是府城就有三分之二以上的廟畫出自其手，一九九三年獲頒教育部全國民族藝術的「民間彩繪」類薪傳獎。

潘父潘春源（一八九一～一九七一）是無師自通的民間傳統畫師，由於日人統治推動皇民化政策，從事傳統繪畫的壓力甚深，原本力阻子弟繼承其業，後來發現天賦優異的長子潘麗水暗地學習描形彩繪，才同意指導他進入繪畫天地。直到日治時期結束，一度轉行畫戲院電影廣告看板的潘麗水重新在廟畫界發光發熱，並且栽培長子潘岳雄傳承，在台南畫師界與陳玉峰家族鼎足而立。

蔡舜任受私人收藏家請託，率領「TSJ 藝術修復工事」團隊修復潘麗水的四扇門神，發現曾遭不當重繪、保護層嚴重老化，前後花了將近三年，終於完整呈現潘麗水彩繪原作的風貌，入選二〇一四年春季在瑞典首都斯德哥爾摩舉辦的「國際建築彩繪裝飾藝術研討會」海報展。

熱情探索的
青澀歲月

　　蔡舜任從小就愛畫畫，澎湖外公家的魚蝦是幼年筆下主角，母親任教於高雄中正預校，宿舍有河有樹，更成為他的藝術養分：「大自然讓我擁有無盡的快樂回憶與資源，喜歡賞鳥、熱愛運動，足球、棒球、壘球樣樣都通，甚至一度還夢想要當投手。明明還是個孩子，卻經常在想，能不能改變些什麼？可以用什麼方法做些特別的事情？這樣的心情，伴隨我到如今。」

　　一九九〇年十一月二十五日，年僅十二歲的蔡舜任，以主要發現者的身分，跟朋友陳宏、陳緯兄弟在魚塭共同觀察到迷鳥白眼潛鴨，是當年最年輕的新鳥種發現者。他說，如果當時繼續朝這個領域發展，說不定又有另一番人生，但吸引力更人的藝術之神呼喚著他，想像不到的挫敗卻也在前方虎視眈眈。

蔡舜任的第一個挫折是發現自己的學科、術科都不夠「資優」，考不上國中美術班，就讀以升學為主的鳳溪國中，歷經被他形容為「要命」的痛苦歲月，直到進入左營高中，遇到循循誘導的老師，才重新找回如魚得水的感覺：「你在國中或高中面對的人、遇到的事，會讓你的性格浮現出來，然後定型。左中是定型我的重要階段，我畫的東西終於有人看得懂、獲得獎項鼓勵；開始發現文字的樂趣，一篇習作甚至可以寫掉一整個作文本；喜歡打籃球，可惜長得不夠高，於是參加桌球校隊成為副將，一度還去甄選亞青盃，結果被真正的高手狂電，確認自己距離國手水準還有相當距離。」

功課都是前十名的蔡舜任，一度考慮就讀第三類組，最後還是選擇文組，但是跟導師處不好，德育成績只有六十分，無法申請高師大、彰師大等國立大學，只得甄試報考東海美術系：「當時覺得老師幸災樂禍，但現在其實要謝謝他，否則我就不會去東海，也就沒有今天的我。」

藝術的啟蒙和摸索

蔡舜任甄試東海的過程也蠻驚險的。因為他太喜歡做自己，沒有接受應付術科測試的訓練，雖然東海學風開放，基本的水墨、書法、西畫素描總不能一竅不通，只好臨時找補習班老師惡補，但對方斷言他沒有辦法及時考上，他很快就決定不去了，轉而求教容許他自由發揮的預校老師：「考試那天，別人都是美術班出身，扛著好大的油畫去面談，我拿著薄薄一小卷作品，最後居然還是讓我考上了！」

進入東海美術系，為原本偏愛漫畫的蔡舜任開展真正廣闊的藝術天地，對他影響最深的，正是後來指導他畢業製作的蔣勳老師。第一堂課，蔣勳要他們回去畫自畫像，第二堂課將所有作品掛在牆上，請大家解釋為什麼這樣畫？如何看待自己？面對自我，不是件容易的事，不少人甚至邊講邊哭。蔡舜任永遠記得，在鉛筆自畫像裡面的自己，頭低低地、微抬目光看著這個世界，卻讓蔣勳注意到他。

蔡舜任說，蔣勳老師總是不疾不徐，引導學生發展出自己的樣子：「就像他所說，創作是沒辦法教的，他的方式是給我們養分，引導觀念和內容，給你一個方向

去思索，不會提供確定的答案，在聊天、吃飯、喝紅酒之間自然產生啟發。而在你摸索的過程裡，也不會緊迫盯人一直追問：準備好了沒？」

另一位深深改變與鞭策蔡舜任的是具備古典音樂、藝術電影豐厚底蘊的學長尉任之，讓他「皮繃得特別緊」。良師益友的薰陶下，蔡舜任過著充實的大學生活，早上帶壘球隊打球、中午游泳、下午打籃球，晚上畫畫直到隔天凌晨三、四點才入睡。他的畢業製作巨大到無法坐著畫，在一個空曠的破房子裡，每天站著繪畫長達十小時，後來甚至發現脊椎跟腰部都有點受傷了。

「美術系畢業出來是很現實的，你不知道自己到底要做什麼？做設計？當老師？還是要考研究所？大四開學，蔣老師就提醒我們，你們不能再將自己當成學生，而是畫家。那年，我在畫廊直接開畫展，發現有些作品居然發霉、壞掉，這個奇妙的插曲，讓我認識了『修復』這件事。」

蔡舜任決定先當兵，但退伍之後，原本想走創作之路的他十分徬徨。他嘗試擔

●蔡舜任成立「TSJ藝術修復工事」，培養修復文物的團隊

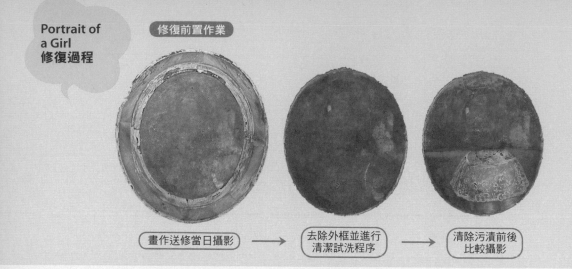

Portrait of a Girl 修復過程

修復前置作業

畫作送修當日攝影 → 去除外框並進行清潔試洗程序 → 清除污漬前後比較攝影

任大學助教、國科會助理，但卻心不在焉而被教授撐走。深受打擊的他離開台北回到南部：「失業的感覺很差。我單獨住在爸媽的高雄房子裡，每天睡到中午，即使起床也窩在沙發，過了好幾個禮拜、一個月。有一天，媽媽打電話給我，那時大概下午一點多了吧，她知道我剛起床，劈頭就說：你因為太懶，所以機會就跑掉了！」

藝術修復的冒險之旅

媽媽的話讓蔡舜任整個人跳起來，當場真的清醒了，開始找報紙分類廣告應徵美術老師，月薪只有一萬出頭，有時甚至只拿到八、九千，跟小朋友的接觸卻讓他重新找回活力，進而成為才藝中心的王牌。慢慢重建自信，機緣果然跟著來了，剛從日本筑波大學深造返台的學長，知道蔡舜任對修復課程有興趣，拉他參加台南文資中心籌備處的暑期工作營，跟來自日本的教授學習。他從打雜做起，漸漸找到自己的特色，開始醞釀此生最大膽的一場冒險旅程：到義大利去！

橫在眼前的最大關卡是錢：「在台灣，修復的概念幾乎是不存在的。老實說，讀美術系四年，爸媽已經不知道我的出路是什麼，現在又提什麼要花八年專攻修復，兩個人的表情就是當場愣在那裡？修復是什麼東西？不過，我在文資中心的努

完成清潔加固及裱褙
畫面肌理重建等
所有 preparation 工作項目

衣飾部份處理

面容頸部處理

背景及細部之最後處理

力、日本教授的鼓勵，他們都看在眼裡，爸爸先陪我擬計畫向一個民間團體申請補助，雖然被打了回票，但那個過程讓他更理解我，決定拿退休金資助我，真的很感謝父母的心臟夠堅強。那份申請書，我到現在還留著，學成返台後，第一個來採訪我的，正是當初拒絕我的單位，哈哈。」

二〇〇四年，蔡舜任前往義大利中部，進入古城席耶納外國人大學附設的語言學校進修義大利文，同時在餐廳洗碗賺取生活費，隨後申請進入佛羅倫斯的史賓內利宮修復學院，成為班上第二「老」的學生，他很快發現無法透過課程時間學習更完整的油畫修復技術，過了兩星期就決心離校，另找門路拜師學藝，師長跟他懇談之後，提出讓他保有學位授予資格的折衷方案，特准他向外闖盪。

外人看來，蔡舜任真的太衝動了！究竟哪來師傅，他其實毫無頭緒，走在冰雪初融的城市裡，沿街散發義

大利文履歷傳單自我推銷：「請問這裡收學徒嗎？」「請問這裡需要免費員工嗎？」整整一星期，他吃了十多家修復工坊的閉門羹，有時被大聲咆哮轟出門外，仍然越挫越勇。兩個星期後，被感動的一位木質修復師將他介紹給席普利亞尼（Andrea Cipriani），展開漫長的油畫修復學徒生涯。

成為修復師的基本鍛鍊

前幾個月，他只是搬畫掃地的雜工，靜靜隨侍在師傅身旁，等待命令幫忙拿取工具、觀察不同的修復程序，將近半年才開始練習調製漿料、刮除打磨填漿等基本功。即使蔡舜任從修復學校畢業、通過托斯卡納大區的專業認證，有長達兩年多的時間，在工作室仍然做著最不起眼的填補及肌理重建，後來才明白，師傅要磨掉他的創作意念，讓他成長為真正的修復師。

二〇〇七年，蔡舜任應邀到美國紐奧良的私人工作室，為他們修復在卡崔娜颶

風受損的歐陸古典油畫，與其他修復師合作鑽研更多實作技術，建立獨當一面的專業自信。二〇〇八年冬天，他掌握重返佛羅倫斯的機緣，投入世界知名的史卡佩里團隊，成為這位歐洲修復大師的第一個台灣入門弟子。

東海美術系的陶冶、佛羅倫斯豐沛的古老歐洲藝術、紐奧良的爵士文化、跟隨史卡佩里親炙文藝復興時期藝術創作的人文精神內涵，逐步豐富了蔡舜任：「在史蒂芬諾身邊，我學到最關鍵的觀念與態度──最少的修復，就是最好的修復。那不是一個『加』的動作，而是還原創作者賦予文物的本來面貌，但又必須同時保留歲月淬鍊過的痕跡。要做到爐火純青的那個『青』字，需要時間及經驗的緩慢累積，修復者若是底蘊不足，爐火一燒就沒了。」

史卡佩里交付給蔡舜任的第一幅畫作，是義大利巴洛克時期重要畫家史托齊（Bernardo Strozzi）在一六二五年繪製的「聖羅倫佐的慈悲」，儘管在紐奧良已有相當實作經驗，但他盯著畫，總覺得無法看透它的色彩與肌理，根本不敢動手，每次史卡佩里一走近，他就裝忙。下班之後，趕快找資料、到美術館觀察這位畫家或其他同時期的油畫，過了一個星期之後才有所領悟，分秒都神經緊繃的狀態，讓他如臨大敵。這些過程，史卡佩里都看在眼裡，但他耐心等待蔡舜任：「這些關鍵，即使連史卡佩里也無法言傳，真正能告訴我們訊息的，是文物本身。」

●波蘭大使收藏油畫修復過程

台灣文物保護的
正向行動

習得一身本領的蔡舜任，選擇在荷蘭工作，後來成為上海世界博覽會荷蘭館唯一的華人修復師。在工作的空檔，他一度回到故鄉，覺得應該為自己的土地多做一點事：「在歐美，無論做得再好，多少還是有些隔閡，而且也不在決策的位置上。對台灣，我懷抱一些夢想，決心試著想改變一些事情。」

明知道有些夢想可能破滅，剛回來的時候，蔡舜任受到的挫折還是超乎想像，甚至曾經氣到在開會的時候摔預算書：「過了十年，這邊的環境並沒有進步，中間有很多限制、不專業在領導專業。古蹟被修壞幾乎是每月一爆，具有歷史意義的古廟修著修著就變成另一座『新』廟，例如某間國定古蹟的廟宇修了六年，花掉一億多，裡面有七百多件文物，結果有六百多件都被修壞，最後緊急喊停，建築師罰二十二萬、營造廠二十七萬，等於古蹟市價不到五十萬，整個文化資產保存法出了很大的問題。」

他很難忍受種種粗糙離奇的修復錯誤：「許多傳統建築的結構或裝飾是有典故的，例如幾隻小老鼠跑在橘紅色瓜桶上，意思是鼠鬧金瓜，隱喻財富滿盈，南瓜竟然被修成西瓜。是手邊剛好有綠色油漆就刷上去？還

文物修復師是相當專門的職業，西班牙小鎮博爾哈教堂的十九世紀畫家馬丁尼茲百年畫作《戴荊冠的耶穌》（Ecce Homo）因為被一名老婦人自告奮勇塗改「修復」，變成猴子而轟動國際，正是修復的負面教材。

文物修復以往多採取師徒傳承，隨著現代化腳步，重視文化資產保存的日本及義大利、法國等歐美國家，除了傳統專家授藝管道，紛紛設置專門學校、建立修復師認證制度，台灣則只有台南藝術大學的博物館學與古物維護研究所或是少數美術系的零星課程，有志投入修復領域者，通常選擇出國再進修。

修復涉及跨領域的藝術與技術，分工十分精細，包括紙質、油畫、壁畫、紡織品、木質品、石雕、金屬、建築等，從公私立博物館、國家古蹟到藝術品收藏家，都需要不同的文物修復師，以油畫為例，經過修復師的巧手，市場價值可能倍增。不過，台灣的文物修復理論及技術，跟國際仍有一段落差，文化資產慘遭「毀容」的案例時有所聞，而且即使是政府文化部門的相關預算比例也極低，除了進入博物館工作，專業修復師多以私人工作室的方式運作。

是以為換個顏色沒什麼關係？無形的文化典故就這樣消失了啊。」

「我氣到第二年才想通，限制、不專業，反而是進步的空間，我不必在既有小圈圈裡面掙扎，應該跳出去，將生氣的力量省下來做事，讓大家看到不同的選擇。行動之後，就會發現那些紛紛擾擾只是雜音而已。」

蔡舜任的行動，就是帶著學徒陳雯婷、黃薇蟬修復潘麗水的門神，並且努力向年輕學生及社會大眾傳播文物保護的正確理念：「最困難的修復，不是『復舊如舊』，也沒有 SOP 標準流程，我將一扇、四扇修復成這樣，下一批或許六扇、八扇都可以，就會有越來越多人相信，修復可以有不同的選擇，將台灣的修復技術帶上來。」

「台灣基本上是一個可憐的小島，旁邊是中國大陸，雖然具有地理上的方便性，但如果不建立自己的價值，很容易就被吃掉了。台灣修復界不正常，我即使做得再好，世界也是看不到台灣的；唯有努力讓台灣好、修復界邁向正常道路，我才能真正被世界看見。」潘麗水的門神，果然讓世界看到「台灣的蔡舜任」，獲邀參與二○一四年春季在瑞典首都斯德哥爾摩舉辦的「國際建築彩繪裝飾藝術研討會」（APR），分享台灣廟宇彩繪文物修復的成果。他說：「我證明了，這不是夢，台灣的修復水準可以做得精彩，這正是我回來的初衷。」

蔡舜任的下一個挑戰，是另一位畫界大師陳玉峰的壁畫：「修復，需要的不是成功，而是不斷成功，每個案子都要正確，沒有容許錯誤的空間。我很感謝先前那段不斷跌倒、挨罵的學徒訓練，在三十歲之前跌幾次跤或許也不錯，那些嚇到自己的大跟斗，我永遠不會忘記。」人生沒有 SOP，修復也是。蔡舜任說，錯誤的事情連續做十年，也不會變成對的，他很著急台灣文化資產被類似 SOP 的錯誤摧殘，偏偏急也急不來。或許，他一心想修復的，不僅僅是文物，更是台灣文化的昔日與現在。

（採訪撰文：張麗伽，攝影：汪忠信）

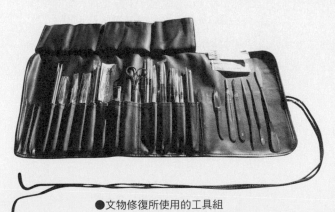

●文物修復所使用的工具組

藝術修復的工作足跡無國界

Stichting Restauratie Atelier Limburg (SRAL), Maastricht, The Netherlands（荷蘭）

油畫修復師

二〇〇九年九月～二〇一一年六月

荷蘭國家典藏油畫修復。修復物件出自國立阿姆斯特丹美術館，阿姆斯特丹皇宮，以及荷蘭各大重要美術館。

New Orleans Conservation Guild, Inc., New Orleans, USA（美國）

油畫修復師

二〇〇七年七月～二〇〇八年三月

修復遭受卡崔娜風災水損嚴重之藝術品，包含十四至二十世紀歐洲及美國的油畫作品。

Studio of Restoration and Conservation - Stefano Scarpelli, Florence, Italy（義大利）

油畫修復師

二〇〇八年五月～二〇〇九年八月

專職義大利十三至十九世紀之油畫修復工作。協助文藝復興繪畫之父喬托（Giotto di Bondone）一三〇一年的畫作——Polittico di Badia 於烏菲茲美術館內進行之修復工作。擔任義大利巴洛克時期繪畫大師 Bernardo Strozzi 之畫作——La Carita` di San Lorenzo 之修復師，目前為美國聖路易美術館藏品。

Studio of Restoration——Andrea Cipriani, Florence, Italy（義大利）

油畫修復助理

二〇〇五年一月～二〇〇七年五月

擔任十四至十九世紀義大利油畫修復工作助理。

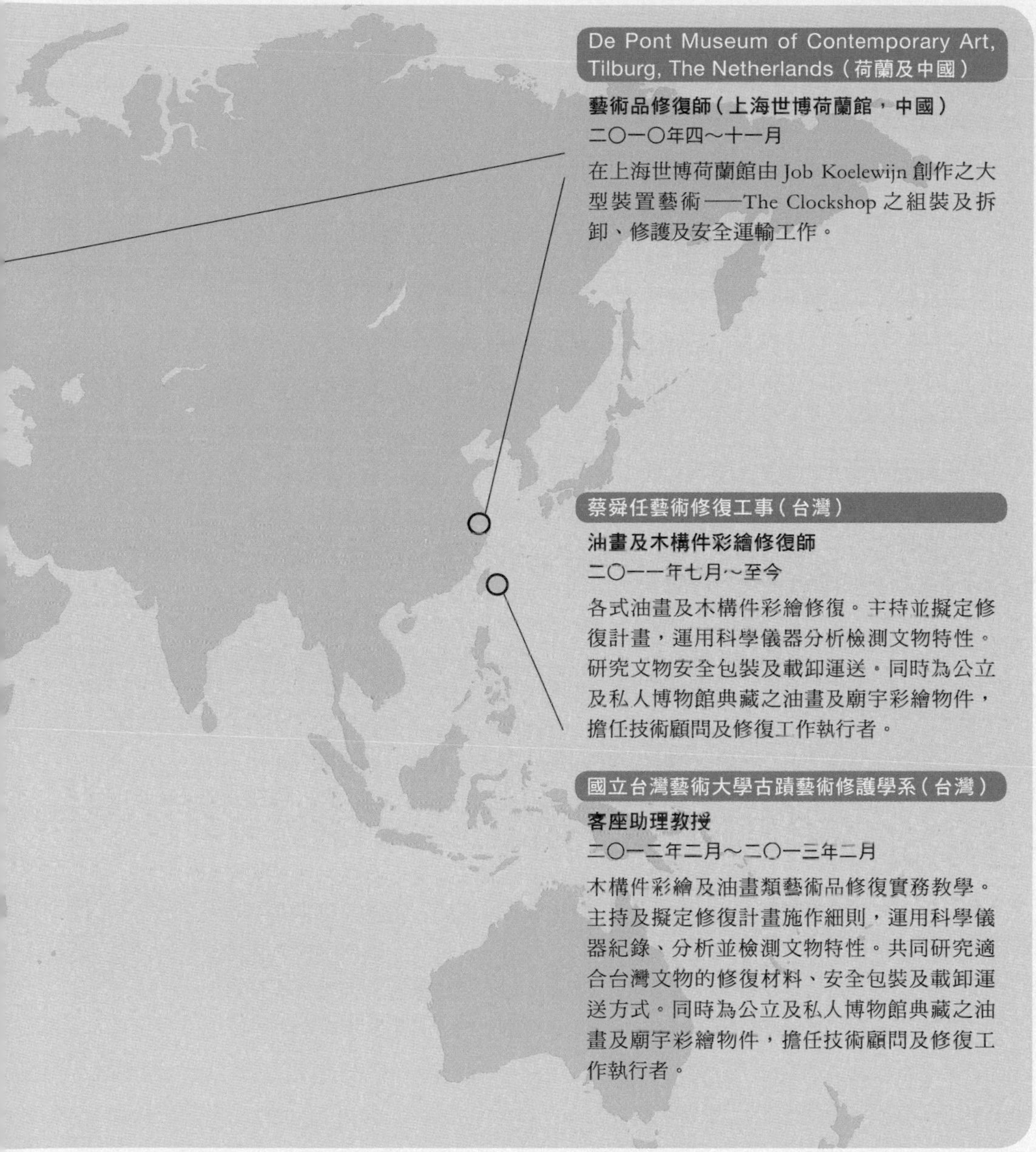

De Pont Museum of Contemporary Art, Tilburg, The Netherlands（荷蘭及中國）

藝術品修復師（上海世博荷蘭館，中國）
二〇一〇年四～十一月

在上海世博荷蘭館由 Job Koelewijn 創作之大型裝置藝術——The Clockshop 之組裝及拆卸、修護及安全運輸工作。

蔡舜任藝術修復工事（台灣）

油畫及木構件彩繪修復師
二〇一一年七月～至今

各式油畫及木構件彩繪修復。主持並擬定修復計畫，運用科學儀器分析檢測文物特性。研究文物安全包裝及載卸運送。同時為公立及私人博物館典藏之油畫及廟宇彩繪物件，擔任技術顧問及修復工作執行者。

國立台灣藝術大學古蹟藝術修護學系（台灣）

客座助理教授
二〇一二年二月～二〇一三年二月

木構件彩繪及油畫類藝術品修復實務教學。主持及擬定修復計畫施作細則，運用科學儀器紀錄、分析並檢測文物特性。共同研究適合台灣文物的修復材料、安全包裝及載卸運送方式。同時為公立及私人博物館典藏之油畫及廟宇彩繪物件，擔任技術顧問及修復工作執行者。

超越基因

「選你所愛、突破瓶頸、耐心耕耘」

修復光影記憶的旅程，蔡舜任花了十年時間：「我是一路在錯誤與正確之間徘徊上來的，沒有人強制我做過什麼選擇。後來想想，這些掙扎或許也不全然是壞事，你在當下可能並不知道自己的選擇是對？是錯？但選擇的過程本身，對你可能更具意義。」

他說，台灣是自由國度，每個人的求學過程看似限制重重，其實自主性很高，沒有人可以真正阻擋你選擇的權利，關鍵在於選擇之後能不能堅持不懈？有沒有適時提升自己？在眾多可能之中，他選擇美術，後來又走向修復，主要是因為這些事讓他專注與快樂：「做自己喜歡的事就是開心，即使再累，內心也不會累。謝謝第一位師傅席普利亞尼帶我入門，但如果我不突破，頂多成為屬害的二流修復師，第二位師傅史卡佩里讓我看到通往一流的道路。」

蔡舜任強調，基本功就是時間、時間就是基本功，各領域傑出者的共同特性就是堅持，像他在義大利認識的好友馬納布（Manabu），去日本學法國菜，第一件差事是剝洋蔥，剝滿了一整個房間，後來才有那樣的刀工：「台灣短小輕薄，凡事講求快速便捷，但速成是無法累積底蘊的，你應該嘗試專心、長久、慢速度地去做一些事情。有一本書說，如果從事某件事的成功率是百分之一、失敗率百分九十九，持續做一百次，成功機率將會提高到百分之六十三。所以，孩子們，離電子產品遠一點吧，不要再熬夜打電動、逛網路了，好好睡覺、讓自己清醒一點，才有時間思考自己的未來。」

- 文化保存人員
- 古蹟修復師
- 藝術史學者
- 文物修復師
- 美術老師
- 建築師
- 雕塑家
- 歷史研究人員
- 博物館教育人員
- 圖書館管理人員

相關科系

- 美術及美工科系
- 材質創作與設計學系
- 化學系
- 美術設計學系
- 歷史學系
- 文化事業發展學系
- 雕塑系
- 視覺藝術學系
- 建築設計學系
- 博物館學與古物維護研究系所

從他鄉到家鄉，
為南洋姊妹權益發聲

邱雅青

一九七七年生於泰國，社團法人中華民國南洋台灣姊妹會執行秘書。於一九九九年遠嫁來台灣時，一開始曾適應不良，經婆婆介紹至美容院工作，之後參加識字班，逐步開啟人生新頁。於二○○三年加入正式成立的南洋台灣姊妹會，由會員、理事長至現任執行秘書的身分，持續呼籲正視南洋姊妹在台灣的處境，並積極爭取新移民的各項權益。曾獲二○○五年文化大使獎、二○○八年國家青年公共參與獎卓越貢獻獎、二○一二年新移民短片獎。

不要叫我
外籍新娘

有的人一輩子為了自己的成績薪水拚搏，有的人則是為別人的權益發聲拚搏。

原籍泰國的邱雅青，若不表明身份，外表就像一般台灣上班族女性一樣，一口流利的國語，談自己的婆婆，以及小孩上才藝班的事情。邱雅青坐在「南洋台灣姊妹會」位在永和的辦公室裡，外頭的小院子綠意盎然，她數數日子，從一九九九年的夏天嫁到台灣，已經十五個年頭。

這十五年來，南洋姊妹的她們笑稱自己從「外籍新娘」變「老娘」，而台灣這塊「他鄉」，也已經是她們的「故鄉」。二〇〇八年時，邱雅青從副總統呂秀蓮手上接下第三屆國家青年公共參與獎卓越貢獻獎，那是從三百多位參選者中脫穎而出，難得以「外籍新娘」的身分獲得此項殊榮，對她而言是莫大的肯定與鼓勵。對社會而言，也凸顯這群「外籍」新娘已經是台灣人的母親，更是台灣的一份子。

異國婚姻的選擇與挑戰

邱雅青出身單親家庭，身為么女的她，從小就備受母親以及兩個哥哥的疼愛。從泰國商業大學畢業以後，隨即進入一家百貨公司擔任服飾專櫃的銷售員，也在因緣際會下，認識了在國際快遞公司任職的台灣老公。

「從高中開始就想要離開家鄉出來外面看看。而當時的我，不單只是為了愛情，也有一種想要突破、渴望改變的心情。」邱雅青說，當時因為台灣老公會說泰文，兩人溝通無礙，沒想過異國婚姻會帶來多大的困難，邱雅青不顧當時家人的反對，便勇敢嫁到台灣。

到台灣後，邱雅青的浪漫幻想很快破滅，不僅語言不通、飲食差異，連與公婆的生活作息都大不相同，更別說朋友和娛樂。邱雅青當時很難適應台灣的生活習慣，也不敢一個人出門，「我嫁來的頭兩、三年，幾乎都躲在房間裡哭啊鬧啊，每天除了等老公回家，一個人關在房裡不知道要做什麼，都快得憂鬱症了。」邱雅青只好打越洋電話回泰國向母親訴苦，一個月國際電話費高達數萬元，更常跑回泰國一住好幾個月。

甚至一度回娘家後，打算不再回台灣，邱雅青說，有一回一整年時間都在泰國

自由自在，但夫家卻在台灣承受著「泰國新娘騙婚」的流言蜚語，讓她決定堅強起來，為自己的選擇負責，返回台灣。

不過，婆婆將一切看在眼裡，不忍心媳婦如此痛苦下去，於是便介紹邱雅青到住家附近的美容院工作，而這樣的機緣，沒想到竟也意外開啟了邱雅青的新人生。在美容院時認識了一個來美容院洗頭的越南配偶，她推薦邱雅青到永和社區大學上中文識字班。

南洋姊妹會的萌芽

永和社大識字班的課程，有許多新移民來上課，泰國、越南、柬埔寨、印尼等，不僅教會了姊妹們認字，最大的收穫就是教導她們要加強自己的自信。「我們只是不懂中文，並非什麼都不會。永和社大的老師不斷鼓勵我們說出心裡的話，」邱雅青說，「識字班也啟發了我的服務熱忱。每次上課前，都要幫忙借教材、搬桌椅等，這些是以前在泰國讀書時，從來沒做過的事。」上了兩個學期的中文課後，慢慢地識字班的成員在老師的指導下成立社團，就是南洋姊妹會的前身。因此，除了語言學習，他們得上更多的法律、親子教育、社會觀察等課程。

台灣「新移民」的人口數已超過原住民

七〇年代時，台灣媒體習慣稱新移民為「外籍新娘」，主要是指來自東南亞或是中國大陸的女性配偶，但隨著時代推移，台灣外籍配偶人數變多，也不限於女性，慢慢就統稱為「外籍配偶」，取代有標籤化意涵的「外籍新娘」。

目前內政部統計，台灣的外籍配偶已有四十九萬多人，已經超過台灣原住民人口數（四十八萬人），因此他們被稱為新移民。

新移民並非台灣特有，許多國家也有非本國籍的配偶與移民，針對新移民的權益推動，二〇〇三年成立的「南洋台灣姊妹會」投入甚深。十餘年來，他們致力培養新移民女性、推動社會教育、法令政策倡議等行動，都是為了讓離鄉背井的移民姐妹們突破現實限制，可以活得更驕傲自在。

●邱雅青與南洋台灣姊妹會團隊共同討論事務

　　邱雅青說，當時籌備社團，由志工還有世新大學教授夏曉鵑，和她們討論什麼叫「社會」，什麼叫「社團」，什麼是「組織」，組織宗旨是什麼等等，一步一步慢慢學習。她笑說，「之前在泰國沒有參加過 NGO 組織，搞社團也只是去這個島玩、那個島玩，變成台灣新移民後，了解自己的處境，才懂得走出來爭取自己和姊妹的權利。」

　　邱雅青舉例說，十幾年前沒有健保，每次生病就要四百多元，懷孕產檢時也要上萬元，「雖然我們是新移民，但將來有一天也是中華民國的人民。更何況，我們是台灣人的母親。」當時除了健保費不公平外，新移民的工作權也是他們探討的主要議題。

　　「大部份的配偶都想在台灣工作，但因為沒讀過台灣的大學，大多數只能做基層勞力的工作，」邱雅青說，即使是在餐廳工作，也只能端盤子上菜，「因為看不懂

中文菜單，無法幫客人帶位點菜。」有些新移民在自己的故鄉還能當個白領上班族，但在台灣可能只能去早餐店打工。最讓他們感到不公平待遇的還有需要申請「工作證」，否則無法合法工作。

除此之外，許多台灣人習以為常的事情，對邱雅青來說卻困難重重。比方說，她若想在網路上訂火車票，但因為沒有身分證無法訂票，只好拿小孩的身分證訂票。邱雅青說，台灣規定新移民要達三年居留後才有資格申請身分證，而且申請時還要放棄母國國籍。

達到三年居留雖不困難，但是放棄自己祖國國籍，對她們來說非常掙扎，一般人很難想像為了完成一段姻緣，而要拋棄自己的國家。「有中華民國國籍的人去拿綠卡，是不需要放棄中華民國國籍的。但是我們要拿中華民國國籍，卻要放棄我們的祖國，」邱雅青說，「每個國家規定不同，若要放棄國籍，泰國要花三年時間，這三年讓你思考確定要放棄國籍嗎？」

邱雅青苦笑說，在泰國時並不覺得法律和生活息息相關，來到台灣後才了解，不懂法律可能小至火車票都無法預訂。對新移民而言，在台灣生活，已經不是浪漫的愛情可以支撐，還有許多不平等的法律限制，這些都攸關生存，讓他們苦不堪言。

靠自己的雙手來爭取權益

直到在永和社大組織社團之後，他們才曉得這一切可以靠自己的雙手來爭取。二○○三年底「南洋台灣姊妹會」正式成立後，邱雅青也參與了她生平第一次的「街頭抗議」。當時移民署成立，卻有七成五都是警察，用警察來管理新移民的邏輯，讓南洋台灣姊妹會十分反感，因此走上街頭抗議。

這場抗議行動奏效，也引起社會廣泛討論，更讓邱雅青感受到「權利若不靠自己爭取，別人是不會為你發聲的。」邱雅青說，大部份的新移民跟她一樣，大家都是為了愛離開祖國，但想在台灣留下來，只有愛是不夠的，還要為了「生存」，去爭取合理的權益。

就這樣，邱雅青從南洋台灣姊妹會會員、理事長，到現在擔任執行秘書，一路帶領姊妹們爭取權益。「我不是想當一個明星，只是想當一個幫助別人的人，」邱雅青坦誠，自己因為沒有經濟壓力，所以可以持續為社會運動付出，尤其許多新移民必須面對經濟或是家庭壓力，只能偶爾來聚會，「但只要有行動，百分之七十的姊妹幾乎都會站出來。」邱雅青說，需要集會遊行或抗議時，這些姊妹不會缺席，所以平常社團需要一個「顧家」的人，她願意擔任那個角色守著社團。

更重要的是新移民都有一個共識：「沒有人做這件事情的話，誰會幫我們做？」邱雅青說，「我們自己去做之後，發現原來政策可以被改變，一步一步變得合理，才有能量持續去做。」

起初邱雅青準備全力投入南洋台灣姊妹會時，台灣老公並不贊成，希望邱雅青當專職的主婦，不需要這麼勞累。「但我不想待在家變成黃臉婆，」邱雅青非常明白

自己的個性，也了解異國生活必須外出工作才能與社會接軌。「我反問我老公：我沒有出去學習，不了解社會，就沒有能力教育小孩，那你能負責教育小孩嗎？」邱雅青的丈夫被她問得啞口無言，只好放手讓她去姊妹會工作。

「女性被定義成負責做家事，與教育小孩，」對邱雅青來說，女人也有自我實現的必要，尤其人在異鄉，更想尋找自己在社會中的存在感，也才能回饋到家庭內。

促進彼此理解的爭吵哲學

談起家庭生活，邱雅青最常放在嘴邊的兩個人，一個是婆婆，一個是孩子。「婆婆是貴人，」邱雅青認為，要不是婆婆把她拉出門，接觸了永和社大與其他南洋姊妹，她現在可能還自閉在家中。而且和公婆同住，考驗每個女人的智慧，因為邱雅青要扮演媳婦、妻子，與母親的角色，在家裡身兼三職，平衡感的拿捏絕非一蹴可及。

邱雅青說，自己維持家庭與工作的訣竅就是「溝通」。「有問題就要討論，自己要站在對方的立場思考，也希望對方站在我這邊思考，然後找出折衷辦法。」她認為，台灣習慣「隱忍」來退讓，面對不滿都隱忍不發，但「隱忍」久了會變成彼此的鴻溝。

「不必害怕衝突，」邱雅青說自己不怕爭吵，倘若爭吵可以促進彼此理解想法，吵出一個解決辦法，那麼爭吵就是必要的。這個爭吵哲學不只適用在家庭，她也拿到社團裡，只是爭吵的對象從老公變成政府。

有一回她告訴婆婆為何要上街頭，因為立委認為新移民不懂得教育小孩，婆婆聽了比她更憤怒說：「妳去，看妳要幾點起床，我叫妳！」不只支持她去街頭抗議，更負責 morning call。家人一點一滴開始支持邱雅青在南洋姊妹會做的事情。

對於寶貝獨子的教育，邱雅青直說台灣小孩很可憐，「從小開始要上才藝班或補習班，母語都還沒學好，

就要學英語，」邱雅青說，泰國的小孩相對快樂許多，自由自在地學習，沒有這麼多壓力。她說，因為夫家親戚背景好，多是高學歷，社經地位也不錯，因此十分重視教育。

邱雅青的兒子已經小學六年級，但是夫家為了培養他，三歲起就開始讓他補習，還學芭蕾舞、打鼓、笛子等樂器。從小看著獨子背負這麼大的升學壓力，邱雅青還花時間說服婆婆、老公，讓小孩休息一年不用上補習班。「我比較重視課業之外的學習，如做人處事，還有學習態度等，」邱雅青說，她要求小孩把課表貼在房間門口，「每完成一項作業就打勾，沒寫完的作業就要解釋理由說服我。」邱雅青認為，必須培養小孩為自己的事情負責任。

邱雅青也會帶他到南洋台灣姊妹會與其他姊妹相處，有一次她問小孩說：「有沒有告訴同學媽媽是外國人？」沒想到小孩一副「理所當然」的表情，原來班上許多同學的媽媽也是新移民，同學之間早已習以為常，讓邱雅青更感受到這群新移民的權益必須受重視。

「現在不解決，以後還是要有人解決。」每次問邱雅青，好好的輕鬆生活不過，為何要這麼拚命？她總是很坦率，她明白新移民必須為自己發聲。曾經一次演講場合中，遇到台灣民眾嗆聲：「這麼不滿台灣，你們可以回去啊！」她反覆思考，為何站出來爭取合理的權益，會被誤解？「我們爭取的不過是和台灣人一樣平等的權益，不想變成次等公民罷了，並不是想爭取特權。」

從他鄉到安身立命的家鄉

「要來到台灣不簡單，要走也不容易。」邱雅青說，「我不是來台灣玩的，我要居住在這塊土地，不可能說走就走。」有別十五年前，她動不動哭鬧想回泰國，現在的邱雅青已經把台灣當成安身立命的家鄉。

對於家鄉，她當然有所期待。未來邱雅青最想做的就是繼續修法，包括移民法與國籍法。過去十多年來，「國籍法和移民法總共只修改了三條，這次我們又去立法院提案希望再修改九條，」邱雅青說，國籍法牽涉到公民權，而移民法則跟居住權

有關。

　　她舉例，過去有個印尼姊妹的丈夫過世了，依法必須遣返母國，但小孩該怎麼辦？丟在台灣給別人養嗎？後來這條法律在南洋台灣姊妹會努力下修改了，放寬至可以留在台灣扶養小孩到十八歲。但是，小孩十八歲以後，母親就必須返國，不然就要放棄祖國國籍，辦中華民國身分證。

　　「不是要母親放棄小孩，就是要子民放棄自己的祖國，」邱雅青很無奈，她自己也為了將來可以留在台灣照顧小孩，而放棄泰國國籍了，但她認為國籍法應該要修改，「台灣應該對台灣人的母親更寬容些。」

　　從一個不敢出門買東西的「外籍新娘」，邱雅青現在已經可以說著與你我相同語言，她在台灣落地生根，並且把對家庭的「小愛」推廣至對台灣新移民的「大愛」。

（採訪撰文：蕭麗英，攝影：許育愷）

「正面思考、積極學習、團隊合作」

邱雅青在泰國學的是商業，以她的教育程度，在泰國可以當個經濟自主的女性，所以當她嫁到台灣，在語言、文化、就業碰到一道又一道的障礙，不時還會感受到「外籍新娘都是因為沒有經濟能力，才來台灣騙婚」的偏見時，心裡非常不習慣。

幸好夫家的家人鼓勵她不要悶在家裡，多對外接觸，機緣巧合，她參加了世新大學夏曉鵑教授在永和社大開的課。在課堂上，和她同是外籍配偶的學員在夏老師的引導下，共同討論自身的處境、決定自己要採取的行動，讓她重拾適應環境的自信。

面對台灣的法令、社會支援各方面的不足，邱雅青選擇不做無謂的抱怨，而是透過團隊合作，相互支持，相濡以沫，共同成就，也凝聚了南洋姊妹之間深厚的革命情感。為了協助解決外籍配偶在生活適應上碰到種種問題，邱雅青要研究泰國、印尼、越南等國以及台灣的相關法令；此外，南洋台灣姊妹會也得到侯孝賢導演的協助拍攝紀錄片，希望讓更多台灣人瞭解外籍配偶。邱雅青為了這部紀錄片，還去學習操作剪接軟體。在邱雅青身上，看到人為了希望過個有尊嚴生活的樸素心念，所因此展現的韌性與各種可能。

產業鏈

- 中等學校教師
- 行銷企劃人員
- 社工人員
- 活動企劃人員
- 諮商師
- 研究助理
- 人力資源人員
- 教授／副教授／助理教授
- 國內業務人員
- 心理學研究人員

相關科系

- 社會教育學系
- 教育學系
- 教育心理與輔導學系
- 公民教育與活動領導學系
- 華語文教學系
- 人類發展與家庭學系
- 工業教育學系
- 特殊教育學系
- 科技應用與人力資源發展學系
- 大眾傳播學系

◎ 大眾傳播學群／影視產業

影像力無窮，
求新求變的熱血導演

陳奕仁

Profile

一九七七年生於新北市，仙草影像工作室負責
人。人稱「阿木導演」，自復興商工畢業後，就
讀台灣藝術大學電影系，之後亦曾前往紐約進修
紐約大學戲劇系。從拍攝公視紀錄片入行，後來
透過濁水溪公社的《歡喜渡慈航》，證明自己也
能拍MV，一舉入圍金曲獎最佳音樂錄影帶導演
肯定。率領台灣極少數成功跨足商業性與公共性
影像拍攝的影像團隊，從MV、商業廣告、演唱
會多媒體製作，到公共宣導影片、展覽短片，甚
至拍攝電影長片。

台灣住商合一的街巷，漫步其中，常有意外的驚喜，因為，許多精彩創意的小店、文創工作室都散落其中，如同灑落的珍珠，曖曖涵光，而在台北市復興北路的一條小巷內，就有一個這樣神奇的地方，在那兒，你在牆上會看到畫著同真人一般大小的黑武士拿著捕蟲網捉蝴蝶，洋溢著一股難以言喻的詩意，令人想到「猛虎正嗅著薔薇」的詩句，無比的剛強，更包容著無限的溫柔。

　　這裡是仙草影像工作室的一景，黑武士正是工作室負責人——知名的 MV 導演陳奕仁——最愛的電影角色，連進入他的辦公室大門，玄關都看得到一比一比例的黑武士公仔。「美國搬回來的」，這位橫掃二〇一三年金曲獎 MV 提名的影像奇才不無得意地說。

　　為什麼這麼喜歡黑武士，他的說法總是：「因為黑武士年輕時正義浪漫，但後來卻成為最大的黑色勢力，極浪漫又極邪惡，充滿了人性的複雜。」他熱愛一切黑色系為主的角色，包括蝙蝠俠等等，連工作室名稱的都是黑不溜丟的「仙草」。不過，陳奕仁自己有一套說法，因為他叫「奕仁」（薏仁），想跟具台灣特色的食材搭配，

阿木導演代表作品

短片
- 二〇〇一《TEAM》（第二屆金馬獎國際數位短片競賽首獎）

紀錄片
- 二〇〇一《雙工人》（公共電視第一屆觀點短片展首獎）
- 二〇〇三《巷子裡》（臺北電影節－市民影展臺北主題獎）
- 二〇〇四《五月天天空之城演唱會紀錄片》

公部門宣導片
- 二〇一四 台北市申辦世界設計之都國際競標影片（紅點視覺傳達設計大獎、iF 傳達設計獎－數位媒體類大獎）

最後把工作室取名為「仙草」。（黑黑的，很酷，雖軟但又有型，靈活又有堅持。）

　　這位導演在二〇一三年金曲獎大放異彩，在 MV 獎項六個入圍作品，他就包辦了三部，而且風格迥異，包括五月天的《乾杯》溫馨、蕭亞軒的《Super Girl 愛無畏》復古趣味和蔡依林的《大藝術家》華麗後現代魔幻，最後他以回憶人生點滴況味的《乾杯》奪下大獎。

把喜歡變成工作的養分

　　陳奕仁跟仙草工作室團隊是台灣極少數成功跨足商業性與公共性影像拍攝的團隊，從 MV、商業廣告、演唱會多媒體製作，到具有公共宣導影片、展覽短片，甚至是拍攝電影長片。

　　陳奕仁給人的第一個印象是「強悍」，留著一個大光頭，兩道濃眉，再加上鬍子，十指共戴上七個骷顱頭銀戒指，活脫像是從黑幫電影走出來的拉美混混。人稱他「阿木導演」，綽號來自灌籃高手裡面的黑猩猩隊長「赤木」，他不諱言自己是鐵

MV
- 二〇〇五 濁水溪公社《歡喜渡慈航》（入圍第十七屆金曲獎－最佳音樂錄影帶導演）
- 二〇〇七 張惠妹《永遠的快樂》
- 二〇〇七 蘇打綠《無與倫比的美麗》（入圍第七屆 MTV 日本音樂錄影帶大獎－最佳 buzzAsia 獎－大中華地區）
- 二〇一〇 羅志祥《愛的主場秀》、《習慣就好》
- 二〇一二 五月天《乾杯》（第二十四屆金曲獎最佳 MV、紅點視覺傳達設計大獎）
- 二〇一二 蔡依林《大藝術家》（入圍歐洲音樂錄影帶大獎－最佳亞洲音樂錄影帶、入圍第二十四屆金曲獎最佳 MV）
- 二〇一一 蘇打綠《你在煩惱什麼》（iF 視覺傳達設計獎－數位媒體類大獎）
- 二〇一二 蕭亞軒《super girl 愛無畏》（入圍第二十四屆金曲獎最佳 MV）
- 二〇一三 蘇打綠《故事》（入圍二〇一四柏林音樂錄影帶獎最佳 MV）
- 二〇一三 吳莫愁《就現在》（二〇一三百事廣告歌曲，上線二十天全中國突破一億一千八百萬瀏覽人次，為華人區首支點閱率破億 MV）
- 二〇一三 周華健《潑墨》（第十四屆音樂風雲榜最佳音樂錄影帶大獎）

工之子，從小不愛唸書，只愛畫畫，「我所有懂的人生道理，都是電影跟動漫教我的，」阿木強調，辦公室兩面牆擺滿幾百個電影公仔，證明了他所說無誤。

這個愛畫畫的少年當時選擇去念復興美工，在那邊他發現到永遠會有人比他畫得更細膩、畫得更好，當時爭強好勝的他常嚥不下這口氣，在還不確定要走什麼路之下，他選擇先去當兵。

陳奕仁在當兵時看了大衛芬奇的《鬥陣俱樂部》，他被驚呆了，「電影怎麼可以這樣拍？故事怎麼可以這樣說！」他完全被征服，決定之後要以拍電影為職志。「這讓我知道，要找到喜歡做的事情，即便我沒法拍超越大師又怎樣，最重要是我喜歡。我就要把喜歡變成工作。」他說。「這一行挫折很多，可是如果是自己喜歡做的事情，那就會變成一種養份。」退伍後，他考取台灣藝術大學電影系夜間部，大二，他就開始拿起 DV 開始行走江湖，接案子、拍活動、紀錄片。「我是學到皮毛，就出來混。」趕上了攝影器材輕型化的好機會。

放眼未來，持續尋找寬廣可能

　　這位光頭導演，不多話便顯露凶悍的氣質，但也讓人感到他的「謙虛」。對於金曲獎輝煌的紀錄，他輕描淡寫，「其實只是剛好不同唱片公司都報名了，這沒有什麼，」他說。回憶自己入行的經驗，他客氣地說：「都是用唬出來的，一路上大家給我機會」。例如當時拍五月天的紀錄片，他就唬他們，必須住到他們家裡才拍得好，阿信、怪獸還真的讓他到他家住一個月。阿木說到這件事，忍不住露出微笑，到現在他跟阿信還常會一起相約去看心目中的神片。「我們會聊以後想拍的電影，阿信從不誇我，因我們不會把心思放在當下已完成或做過的事。」

　　「我其實就是運氣好，我不必太厲害，我的伙伴厲害就夠了。」他自詡像海賊王魯夫一般，找尋最佳的隊友加入團隊，從不擔心隊友比他厲害、超越他，甚至可能另立門戶，他形容有一段時間無所不用乎其極地找尋高手加盟，但後來他學到一個

●阿木導演的作品橫跨紀錄片、廣告、MV，未來更以拍電影為職志

寶貴的教訓，「其實能溝通跟共事也是很
重要的能力，之後我不再迷信高手。」

在事業剛獲得成功之際，他瘋狂拍
片，一個月拍四、五支片，精神與體力徹
底透支，他也反省是否應該放下到手的成
就，讓生命有更寬廣的可能。他重新歸
零，與妻子李依蒨到紐約休息兩年，他不
怕英文破，就靠著破英文去紐約大學上戲
劇課，也到處看展覽，這兩年的放空，讓阿木的視界更寬，「那個城市對美感的寬
容度很大。什麼樣的作品都可能出現，最好的可能出現在最爛的旁邊，這當中有著
充沛的能量。」

他在兩年後花光積蓄，回來重新出發拍片，一鳴驚人。拍出一支支膾炙人口的
MV，點閱率爆棚。

做就對了！

這位以拍紀錄片出道的導演，二〇〇一年（大二）就是看到公視在補助記錄短
片拍攝，還在台藝大電影系夜間部唸書的他，遇到他第一個貴人，公視總經理馮賢
賢給他拍攝《雙工人》的機會，這一部片奠定他入行的第一塊墊腳石，阿木到現在仍
然感念，「每一年還是會收到一小筆播映版權費。」

這部紀錄片影像風格特殊，剪接節奏奇快，大量蒙太奇的手法，迥異於其他長
鏡頭居多的紀錄片，這吸引了二〇〇三年「五月天天空之城」復出演唱會的製作人林
暐哲注意，把拍攝演唱會紀錄片的大任丟給沒經驗的阿木，阿木一戰成名，「就是
不斷拍，然後運氣好被看到，就繼續拍下去了，」阿木說來還是淡定。

其實阿木最不喜歡拍就是紀錄片，他不喜歡太真實的東西，當他情義相挺，以
五萬元預算拍出地下樂團「濁水溪公社」的精彩 MV《歡喜渡慈航》，一舉入圍金曲

獎，大家才知道這位紀錄片導演也會拍 MV，之後才案子蜂擁而至，「還是那句話，做就對了，」阿木說。

　　阿木雖然客氣，手上功夫可不含糊，就以他入圍的三部 MV 風格就完全不同，早期諧趣幽默，運用大量民俗廣告、插畫風格的《歡喜渡慈航》，在這三部 MV 完全沒有重現，三部片子風格迥異，完全看不出出自同一團隊，擷取大量美式風格的蕭亞軒《Super Girl 愛無畏》，運用了阿木最愛的美式漫威動漫風格，還呈現了復古科幻片的趣味，而魔術般倒轉空間，讓主角在大樓牆上舞蹈，川流不息的車龍反而成為背景，呈現完全不同的視覺體驗，創意滿點。

　　蔡依林的《大藝術家》華麗後現代魔幻，完全不遜於歐美的砸大錢 MV 水平，阿木說：「我就是要證明韓國那種華麗風格沒什麼，我才接拍蔡依林的大藝術家。」而得獎的作品《乾杯》，完全用第一人稱主觀鏡頭貫穿，十分另類，人生的一生於幾分鐘之內寫實重現，最後找一堆各行各業的素人一起乾杯，還有小朋友拿起養樂多舉杯，更是讓人會心一笑。三部入圍 MV 風格呈現出來的廣度，令人讚嘆，如果說

有阿木導演什麼共同點，應該是阿木獨特的黑色幽默感隱含其中，這在每一部作品或多或少都可以感受到，數位多媒體的技術純熟應用，從早期至今一直精益求精，厭惡自我重複，更積極追求自我超越的態度，可以透過他的作品感受到。

努力不重複自己

「熱血」，可能是大家對阿木另外一個印象，他曾經模仿葉問台詞說：「為了生活我可以忍，污辱亞洲影像就不行！」為此，他拍每一支 MV 都努力不重複自己，這也讓仙草工作室的成品風格多變，也讓蕭亞軒拍到韌帶斷掉還是不悔，蕭亞軒就說阿木導演是那種為了作品，會倒貼拍片的導演。

「我受夠了政府宣導片的粗製濫造，才標了世界設計之都的國際競賽影片，我

●阿木導演對於作品細節的要求很堅持

要證明宣導片可以拍得很有美感的。」阿木說，而這七分鐘的短片，果然在網路上爆紅。

認真與細膩是阿木導演的另一個優點，他曾戲稱自己跟靈感緣分很薄，都要想破腦袋才能擠出想法，但他有驚人的執行力與細膩度，蘇打綠的青峰回憶起他在跟阿木溝通《故事》這一首歌的 MV 時，由於這是一首中國風的創作，用了大量詩詞的典故，阿木採取用玩偶擬真的模式呈現，小時候書讀不太好的阿木竟然要青峰一句句都寫清楚典故跟意思，「等到我看到故事的 MV 成品時，我才感嘆阿木把我給他的資訊都用上了。」青峰說，而青峰寫給阿木的資料足足有二十頁。

「我如果有優點的話就是《ㄧㄥ，太多人比我有天分了，我會不斷的嘗試跟挑戰，也會大量吸收資訊。」阿木如此分析自己自認的唯一優點。

《暖暖的愛》是你對阿木導演最後的一個印象，二〇一一年，阿木為蘇打綠《你在煩惱什麼》拍攝的ＭＶ，罕見地引入了校園霸凌的題材，在青峰優美的歌聲當中，人心彷彿貼著暖暖包似地被撫慰。而得獎作品《乾杯》，由一個人生最後的片段，回憶起過去的吉光片羽，求學、當兵、就業、成家，最後生命經歷過的美好與親友都來迎接，一起乾一杯，更是動人。中間的纖細的感情，就如同小心翼翼捕蝶黑武士。

運用影像的力量與責任

運用影像的力量，阿木也開始拍攝公益廣告，「我們應該好好運用影像，對社會造成好的影響。」

「影像的影響力是很大的！」阿木導演這樣說，也這樣相信，躬逢其時，他趕上了影像平民化的時代，不愛唸書的他還是可以感動許多人，說服許多人，因他掌握了鏡頭，他也慎重地面對這股巨大影響力，他希望他的影像可以好好詮釋台灣，他不願意人家看到他拍的 MV 會說亞洲都只會抄襲。對於這樣一位熱愛電影者，或許用電影的台詞來總結最為適當：「能力越大，責任就越大，」蜘蛛人裡面這樣說。

（採訪撰文：楊泰興，攝影：許育愷）

超越基因

「離開舒適圈、勇於突破、團隊合作」

阿木導演總是把自己的成功歸結於運氣與大膽嘗試，但是在圈內人眼中，他堅持不重複自己，對細節「絕不妥協」，才是阿木導演成功的關鍵，英特爾創辦人葛洛夫的名言：「唯有偏執者才得以生存。」（Only the Paranoid Survive）很適合用在阿木導演的身上。

阿木導演從紀錄片著手，後來透過濁水溪公社的《歡喜渡慈航》證明自己也能拍 MV，而且風格多變，不計成本地接拍許多政府活動宣傳片，證明這些片子也能拍出國際水準。勇於離開「舒適圈」是阿木令人佩服的地方，他不管自己的「菜英文」，放空兩年到紐約接受刺激。

阿木還有一個本事，他能結合各領域的高手加盟合作，他曾強調，我不必最棒，只要我工作室夥伴最棒就好。阿木自己也曾陷入要跟別人一爭長短的迷思，但是影視創作分工細密，不可能樣樣精通，總是有人是他無法超越的。能在各專業找到比自己更棒的伙伴，才成拍出超越自己的作品。

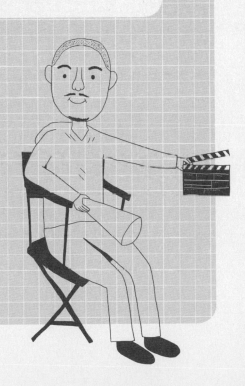

產業鏈

- 調光師
- 攝影師
- **導演或製片**
- 3D 特效師
- 舞台設計師
- 美術設計師
- 影片製作專業人員
- 電腦繪圖美工人員
- 演藝人員
- 腳本企劃人員

相關科系

- 大眾傳播學系
- 廣播電視學系
- 數位媒體應用科
- 電影創作學系
- 影劇藝術學系
- 劇場藝術學系
- 視覺設計學系
- 多媒體動畫藝術學系
- 圖文傳播學系
- 表演藝術科

有音無影的鍛鍊，
看不見的聲音演員

Profile 李勇×賈培德

李勇｜一九六四年生於台北市，大人物藝術製作有限公司總監。在配音圈中，人稱「勇伯」，是華視配音訓練班第一期的學員。最初只是高中畢業、當兵退伍後，湊巧進入培訓班受訓入行配音，之後取得加州大學 Santa Cruz 分校數位媒體與電影學士，以及世新大學傳播管理碩士學位。回國後創立大人物藝術製作公司，承接各式聲音演出的專案，以演講、座談推廣「聲音演員」的理念，開辦培訓班、主持電台節目，大力提攜後進，期許能打造出傳承配音專業的平台。

賈培德｜一九七七年生於新北市板橋區，專業配音員。中國文化大學政治學研究所碩士班肄業，較一般人曲折的求學經歷，直到二〇一四年已三十七歲時才正式自大學畢業。人稱「德仔」，擔任過金曲、金鐘、金馬等大型典禮多達四十多次的司儀，有「三金司儀」紀錄保持的名號。聲音演出的相關經歷豐富，十二歲便錄製廣播劇，大二參與舞台劇表演，二十歲當上廣播節目主持人，在聲音被聽見的過程逐漸以廣告配音為主業。對於人生總是有他充滿自信的自我選擇，除了出櫃的同志身分，同時也是中華辯論推廣協進會理事長，是辯論圈的知名辯士。

在日韓、他們被稱為「聲優」，在歐美，他們被稱為「聲音演員」，在台灣，他們被統稱為「配音員」，這群在螢光幕背後，不為我們所見，但聲音卻是無比親切跟熟悉的人們，到底過著的是怎樣的人生？因為看不見他們，透過聲音，幻化出無數想像，活在這個影音的時代，「有音無影」的他們，甘於做一個藏鏡人，又或者生機勃勃地，用不同的聲線，驕傲地演繹各種生命姿態。

戲劇配音界的前輩——李勇

走進台北市忠孝東路與建國南路交叉口一棟不起眼大樓的二樓，敲開一戶像是住家的鐵門，裡面別有洞天，一位穿著一絲不苟的男子，白襯衫、黑框金屬眼鏡，短短的捲髮仿若電影中的超人一般，伏貼在飽滿的腦門上，脖子上還繫著一個可愛的啾啾，他便是台灣資深配音員李勇，而這兒這是他的瑯環福地，由他一手闢建的「大人物藝術製作公司」，裡面還配置了一間專業錄音間，所有的影片配音工作都可以在這裡完成。「為了圓專業的夢想，我投資了數百萬積蓄打造這個錄音間，」李勇

在錄音室外小巧而略嫌窄迫的客廳說，為了隔出專業級的錄音室，不得不犧牲客廳的空間。

別看李勇一身拘謹的裝扮，他一進錄音室站在麥克風前，就可以用聲音詮釋各個不同的角色。新一代的配音員穆宣名就形容，學生時代聽到李勇在《霍爾的移動城堡》中所配音的霍爾，感動得想嫁給這個「性感聲音」。歷年來李勇配過無數精彩作品，較為人所知就包括了一系列的好萊塢動畫男主角，像是《獅子王》中的辛巴、《阿拉丁》中的阿拉丁、《玩具總動員》裡的胡迪，他還是林志穎的電影片的代言人。

打造傳承「聲音表演」的專業平台

李勇在配音圈人稱「勇伯」，是華視配音訓練班第一期的學員，可說是配音科班中根正苗紅的「黃埔一期」，而這個班，正是台灣早期訓練配音員的搖籃。

李勇回憶道，高中畢業後先當兵，退伍後機緣湊巧進入培訓班受訓入行，從沒有什麼特別想法，後來愛上了這一行，才逐漸產生對行業的使命感，學而後知不足。之後，為了更進一步了解影音產業的方方面面，李勇中斷工作了數年，到美國進入大學全方位學習電影製作，回國後創立了大人物藝術製作公司，承接各式聲音演出的案子，李勇更把它打造為傳承配音專業的平台。

大人物藝術製作公司的名字「BIG」，取自「Believe in God!」三個字的開頭字母，傳達了李勇的信仰。公司的宗旨是「做點好玩的事吧！」而令人感動的，他更以傳教士般的熱情，全力投入培養新一代優秀的配音尖兵。

回首入行的點點滴滴，李勇並不諱言，這一行有其特殊性，不一定努力就會有收穫，跟機遇、天賦有相當關係，但是他也強調，就算機遇、天賦都具備，不努力肯定無法在這行業中存留，至於在學校唸什麼反而沒那麼重要。一般受完培訓班訓練之後，必須再無酬跟班兩、三年，才會有正式上場的機會；即便成為正式的配音員，這一行的收入也是靠接案量支撐，因此往往必須三、五年的累積，才有辦法以此為本業。在李勇之前的配音前輩，大多出身廣播、話劇圈以及戲劇專業，不少人同時身兼「演員」身份。「其實這很正常，好比好萊塢並沒有特定的配音員編制，而

是由演員來擔綱，聲音表演其實是表演的一環。」李勇指出，他甚至認為這才是王道，因此他開辦的培訓班，命名為「明日聲優の星培訓班」，而非「配音訓練班」，所謂「聲優」就是「聲音的演員」，而非僅僅對嘴，拷貝原劇人物的情緒而已。

這樣的看法幾乎已成為李勇的信仰，他到處演講、座談，介紹配音這一行給新生代；透過廣播劇、有聲書等媒介，實踐他所謂「聲音表演」的理念。在「無嘴可對」的情境下，鼓勵伙伴們以聲音演出，配音員不僅是接案賺錢的生產線而已，而是有著藝術表演的主體性與驕傲。

這樣的理念，在二〇一三年獲得初步的迴響。李勇率領他的團隊，參與了台灣本土動畫電影《夢見。MIDA》的演出，該片的演出一改「先畫好再對嘴」的流程，反而由配音員先行錄好聲音演出，再用畫面配合，更首創在片尾演員名單時，秀出所有的配音員的照片與配音過程，「第一次看到影片結尾 casting 時，我全身彷彿觸電，感動不已，我們的努力終於被看到與認可。」

認真看待配音專業，提攜聲優子弟兵

對配音這一行感興趣的人，不少是由動漫遊戲中蘊育而生，為了讓人更全面理解配音在其中扮演的角色，也為了讓自己培育的新生代配音員有更多的機會上場練口條，李勇在廣播節目中化身「電波里里長」，在台北「BARVO 電台」主持《動漫我要聽》，率領自己培訓的聲優子弟兵們，每週無償地在節目中介紹動漫文化，自二〇一一年起至今不輟。

出身這個培訓班的新一代配音員柯萱如就表示，勇伯對新人十分提攜，從不吝於給予年輕人機會，柯萱如很感念自己並沒有經歷過跟班這個歷程，只因為聲音適合，就有機會在《夢見。MIDA》擔綱主要配角樂樂。而出身配音世家，從小就在錄音室長大的配音員薛晴更形容，勇伯雖然輩份高，但卻可以讓年輕一輩開玩笑，可是一進錄音室時，勇伯雖然不會罵人，態度就立刻嚴肅了起來。「我很強調工作的態度，年輕輩有時候在錄音時玩心太重，我會糾正。」李勇說。平時容易相處、工作時一絲不苟，是大家對勇伯的共同印象。

　　談到配音這一行，李勇提醒說，其實這一行分工相對清楚，廣告配音、戲劇配音、跟電視節目的旁白與轉譯，三者雖然都是聲音的演出，但人員重疊跨界的比例並不高。「像知名的『三金司儀』德仔就甚少參與戲劇配音，他參與較多的廣告配音。」李勇的主力則是戲劇配音，這也是配音行業中最多人從事的部分。

　　當前台灣的戲劇配音中，主要以卡通與韓劇為大宗。「配音環境的確不像我年輕時那麼優渥，也有低價搶包的情況。」李勇說，業主以成本為上，不肯在配音上多花錢，市場上也出現兩、三個人配完一整齣作品的現象，品質自然不敢恭維。「只有自己對自己專業的尊重，才能贏得別人對你的尊重。」在嚴峻的業界環境中，當個配音員不但是做些「好玩的事」，更是值得投入的終身事業，李勇用行動說明了他的信念。

「三金司儀」的紀錄保持人——德仔

賈培德，人稱「德仔」，擔任過金曲、金鐘、金馬等大型典禮多達四十多次的司儀，「三金司儀」的名號不脛而走，這項紀錄也穩定持續刷新中，讓大家繼續熟悉他渾厚聲線傳遞的那句：「入圍的有……」。

賈培德從小就跟著在警察廣播電台工作的媽媽活躍於錄音間，十二歲開始錄廣播劇，從高中到大學，著迷於打辯論賽，是辯論圈的知名辯士，至今不歇，還擔任了中華辯論推廣協進會的理事長。他聲音演出的相關經歷豐富，從大二就參與舞台劇表演，他深信，不斷突破工作界線，可以為自己的專業再加分。

有自己的獨到想法，並且勇於堅持，賈培德的求學生涯十分傳奇，他不諱言，學生時期他都忙於辯論賽與社會活動，二十歲就開始在電台主持節目當DJ，大學沒畢業，就以同等學力考上文化大學政治學研究所，但也沒畢業，繞了一大圈，又重考回文化政治系念大四，直到二〇一四年已三十七歲時才正式畢業。聊到異於常人的經歷，賈培德毫無違和感，反而強調終身學習，他說，只是想透過重回學校，持續學習。

練就一開口
便震懾全場的聲音

白淨的臉龐、兩道有英氣的劍眉，賈培德

　　平常的裝扮，倒是帶著一點頹廢的氣質，常留著些許的上鬚未刮，穿著 T Shirt，連上電視節目也大多是這一派 life style 的風格，網上找得到的節目畫面呈現出來，老是一派慵懶，不愛搶話，也不似其他配音員有一種人來瘋的喜感，但只要一開口，保證震懾全場。

　　聊起入行經歷，賈培德說他從小就愛讀報，什麼都讀，看到有字就唸，招牌、書籍、雜誌，瘋狂地唸出來，他老愛揣摩怎麼唸好聽，抑揚頓挫該如何，凡是有鍛鍊聲音的機會，他從來不放過。於是他在二十歲就當上廣播主持人，在聲音逐漸被聽見的過程，配音的機會也漸漸上門，讓他成為一名專業的配音員，現在廣告配音已經成了他的主業。

　　賈培德從小就開始自我鍛鍊自己的唇、舌和聲帶，所以能夠符合廣告配音的嚴格要求。「在我之後，能進廣告配音這一行的男配音員不到五個。」賈培德扳扳手指

數算，一派認真。就是這樣的高門檻，因此每當有年輕朋友請教他入行的可能性，他總是直言建議，大家好好想清楚，畢竟這不是只有熱情就可以的，而一旦真的入了行，雖然年收入可以破百萬，但是聲音也是會老，容易職業傷害，通常五十歲之後就要淡出圈子。

在賈培德看來，廣告配音這一行與戲劇配音不同，配音的專業表現固然困難，但是能在跟廣告商溝通時表現高 EQ，有時挑戰還更大。廣告商常常做出超額、非專業的要求，「痛苦的是，廣告商常常又不專業，」賈培德的表情看得出憤慨。

哪一類的要求呢？他指出，例如廣告商會說出像是「內斂又開朗」、「溫暖又興奮」之類的要求。又或者一再重錄瞎折騰，一定要多錄幾個版本，讓客戶感受他們「很認真」，彷彿磨得越久，配音的效果會更好，其實不然。「一般配音員前三四次錄音的表現會是最好的，」賈培德說。

充滿自信與自在的自我選擇

談到專業，賈培德可是寸土不讓，而賈培德另外一個廣為人知的身份，則是一位出櫃的同志，原本以為聊到這個出櫃的經驗，一定會涕淚縱橫，沒料到卻還是有如金鐘獎旁白一般的朗朗乾坤，風波不驚。

賈培德的父親是民國十年左右出生、成長在內蒙古的老派人，早期中國本來就有「男風」的風氣，是西方基督教文明傳入之後，才慢慢出現歧視。賈培德說，他的性觀念較晚熟，直到十三歲才漸漸開竅，明白自己的情慾對象是同性，但他也交往

過女朋友，直到大四才真正進入同志圈。他形容，當時他跟八十歲的父親表示有一件很重要的事要說：「告訴您，其實我喜歡男生。」沒料父親反問：「吭，然後咧？那又怎麼樣啊？」

賈培德認為，在台灣，同志的處境並沒有那麼惡劣。他直言，他的亞洲朋友都很喜歡台灣對同志友善的氣氛。「我們還有東亞最大的同志商圈——紅樓戲院商圈，那是香港、新加坡、中國等地都沒有的。」而他更慶幸的是，他選擇的專業更是對同志相對友善的圈子，廣播界、劇場界的風氣原本就比較開放，同志從業人員比例本來就高。

雖然在黃葉林的兩條小路中，賈培德挑選人跡稀少的那條走，但賈培德走得自然、坦率，不張狂也不委屈，為自己的選擇無悔而負責，對自己的身份、專業充滿自信與自在，至於別人怎麼評價，他就沒那麼在乎了！

（採訪撰文：楊泰興，攝影：許育愷、汪忠信）

超越基因

李勇：「提升專業尊嚴、提攜後進」

李勇對配音的認真態度，仿若朝聖，他到處推廣「聲音演員」的理念，對於自己本業的熱愛，溢於言表。他討厭後輩在配音室態度輕浮，準備不足。他更開辦培訓班，培養新血，還利用電台的節目，讓學生輩有揮灑的舞台。

賈培德：「認識天賦、認同自我」

賈培德認為配音員這一行是靠老天賞飯吃，後天的努力有其侷限，加上粥少僧多，所以他並不打造「努力就會成功」的神話。在生活中，他毫不避諱自己的同志身份，不誇示也不防衛性的平常心態度，鼓勵了許多同志出櫃，認同自己的身份。

產業鏈

- 燈光師
- 攝影師
- 導演或製片
- **配音員**
- 錄音師
- 影片剪接師
- 廣告關媒體企劃人員
- 電台工作人員
- 腳本企劃人員
- 字幕編輯人員

相關科系

- 大眾傳播學系
- 廣播電視學系
- 數位媒體應用科
- 資訊傳播學系
- ㄩ語傳播學系
- 圖文傳播學系
- 媒體傳達設計學系
- 電影創作學系
- 廣告學系
- 應用音樂學系音樂工程與創作組

滿人書生，
非典型的邊緣出版人

李延賀

一九七一年生於中國遼寧省岫岩滿族自治縣，八旗文化出版社總編輯。取得華東師範大學文學博士學位後，曾於上海某家國營出版集團任職高階經理人，擔任過出版社、雜誌社的社長，並曾在關於環境保護的非營利組織中工作。與台籍妻子結婚後決定於台灣定居，原本是連一本書都不曾編過的人，卻選擇在台灣創立自己的出版社，以罕見的大陸出版人身分，從獨特的角度感知台灣，重新定義出版品的意義與價值，也極力於推動台灣的「報導寫作」領域。

台灣本來就是移民社會，從一九四九年那一波兩岸大移民潮之後，移民現象減緩，但這二十多年來，外籍配偶的數目遽增，成為台灣不可忽視的趨勢，而這些新住民豐富了台灣原本的多元文化內涵，大家提到「新住民」這個字眼，直覺會想到外籍新娘台灣郎，但其實也有不少外籍女婿在台灣發光發熱，而李延賀又是其中很特別的一位。

　　大家習慣叫他為「富察」，這是李延賀的滿人姓氏，「所以我的出版社叫作八旗文化，」遇到初見面的朋友他總是會清楚標明自己身份、座標。個頭不高、向上的尖耳，也有點像《魔戒》裡的精靈族，單眼皮、眼睛細長，是有點少數民族的味道，不過第一次聽他這麼自報家門，還是有點半信半疑。略顯凌亂的頭髮，皮膚透點蒼白，挺有書生氣。

　　跟他合作過的作家阿潑形容這位中國華東師範大學的中文博士：「人倒挺圓融，而且說話有說服力。」這點倒是跟強勢說服的大陸文化人風格很不一樣。說起話來，

溫溫而爽朗；或許沾染了台灣的口音，也或許是在上海曾住過許久，多了一分海派的軟甜味跟週到。但絕無許多台灣人的說話習慣，例如什麼「的樣子、是喔⋯⋯等等」等無義語助詞，用字總是精準漂亮。

一本書都沒編過，卻來台創立出版社

李延賀拿到博士學位後，便進入上海某家國營出版集團工作，負責業務跟銷售與宏觀項目管理，跟編書八竿子搭不上邊，也沒想過來會來台灣編書、賣書。出色的學歷跟工作表現讓他迅速成為出版社的高階經理人，擔任過出版社、雜誌社的社長，事業也蒸蒸日上。他與來自台灣的女友決定結婚，原先妻子打算移民上海，但他卻在來台訪問出版社同業而相談甚歡，突然轉念決定來台創業，兩人便在台灣落了腳，李延賀成為讀書共和國出版集團旗下八旗文化出版社的總編輯，幾年下來，經營得有聲有色。

他開設八旗出版社的時候，可是一本書都沒編過，「不過別忘記，我可是中文博士，科班出身，」李延賀笑著說。一開始，他利用自己大陸人的身份，引入大陸的一本討論雍正皇帝的《痛快皇帝》，結果吃足了苦頭，「當時不清楚台灣人關心什麼，品味怎樣，就一頭熱，悶著做，結果前三本市場根本不買單，出版社差點關門大吉，」他得到的教訓是：「出版業這一行是很本土的行當，不是同文同種就吃得開，」此後，即便是出版「中國觀察」系列書籍，他總是尋求具備第三者眼光觀察特色的書，諸如許知遠、何偉、陳志武的作品，「純粹以中國人的insider角度的作品再好，台灣也不會接受。」他在二〇一四年七月把創業作《痛快皇帝》改版重出，書名也改成活潑的《朕知道了》，而且增加了雍正和年羹堯滿漢對照版的奏摺，詮釋雍正這位滿洲皇帝，這次的反應就相當不錯。這一路上他形容自己就是「盲人摸象」，就是自己邊做邊學，也深刻感受到台灣文化人的友善，肯幫忙，讓他少了許多阻力。幾年下來，出版社從一人擴張到五位同仁，一年出接近三十種書，在台灣高度競爭的出版市場，算得上小有成績。

李延賀認為，台灣的出版市場不同於大陸的規模和粗放形式。大陸的暢銷書

動輒數十萬本，經營的前兩年，他也曾想過挾兩岸身份的優勢，看能否在大陸市場也有斬獲，但後來想清楚了，「出版業就是這麼 local，你只有認真面對在地的需求，反省在地的價值，才能闖出自己的路。」套一句大陸的用語，這就是「直面（面對）台灣」。在中國，出版受到層層限制，必須向主流靠攏，目標就只有一個：「做大做強」，在台灣反而可以尋找獨特的利基，自由發展。

這成為他推動出版品的中心思想，安於出版邊緣、小眾、認真反省台灣的處境與身份認同的問題。至於銷量，安於每一本書都只有兩、三千冊的銷量，重要的是它必須有獨特性跟價值。他舉出阿潑寫的《憂鬱的邊界》為例，這本書透過走訪東南亞和東北亞各國種種，反觀台灣的形象與處境。這樣的觀照，阿潑就曾說，「棲身島嶼上時，並不具此番意識，一旦跨出小島，與世界開啟了對話，『我是誰』的意念卻突然變得很強烈。」

《憂鬱的邊界》在台灣引發了一些議論，銷售得也不錯。「但我要跟大陸同業介紹這本書時卻遇到困境，因為他們完全無法理解這本書的意義與價值，這就是出版的地域性，」李延賀說。

大陸出版人在台灣出版界的碰撞

作為台灣罕見的大陸出版人、在台少數的大陸男性配偶，他如何看待自己的身份跟角色呢？「他者、佈道者與冒險者，三者合一，」他簡單歸結。

首先是作為「他者」，李延賀認為：「我的身份肯定是獨一無二的，我跟台灣出版界的碰撞會產生許多有趣的化學反應。」事實上，常有作者會好奇，李延賀的觀點跟他們都很不一樣，這些差距一旦產生正面的對話時，自然產生獨特的書籍。「我覺得他的思維觀念都和台灣出版習性不同，所以對我來說，他在哪兒都非典型，且邊緣，」阿潑說。

另外，一些具備國際背景與大陸背景的作者，面對台灣社會時也一樣具有他者的感受，和他更合拍，換言之，對本土作者，他帶來新組合；對外來作家，他可以協助他們更貼近台灣。甚至，他認為透過他者不一樣的眼再來審視舊有的作品，也

能夠發現不一樣的價值，包裝再出發，「換言之，我是再定義者。」

　　例如《紐約客》記者何偉叫好叫座的《甲骨文》，在台灣已出版三年，但關注的人不多，他重新買下版權再版，這一次賣了一萬多本。而知名作家胡晴舫的《旅人》、《濫情者》雖早有盛名，但他重新定義作者是一位國際性格的城市作家，挪到八旗再版依舊轟動，兩本也都賣了十幾刷，都有破萬的好成績。

　　慧眼識英雄是他作為一個出版人的自豪與樂趣，在台灣以翻譯書為當道主流時，他更樂於尋找台灣的作家與寫手，積極催生他們的作品。目前他極力推動的就是所謂的「報導寫作」，「在這個領域，我算是台灣重要的佈道者與推動者」，他說。原來他讀研究所時曾對這方面做過研究。

　　所謂「報導寫作」就是奠基在事實的調查基礎上，用文學的敘述手法展開作者的思考與觀察，類似台灣流行一時的「報導文學」。「報導寫作，也就是我所謂的非虛構寫作，有特別的體例與結構，但台灣的創作者都不熟悉，甚至許多拿過文學獎的年輕人都陌生。」李延賀總結他曾到台大某文學系所演講時的心得。

在他看來，台灣也曾經風行過美國所謂的《新新聞》主義的非虛構寫作，這是以現實主義寫作為基礎，但台灣的寫作圈曾經盛行的是以朱天文、朱天心等人為代表的現代主義寫作，現在的創作者大多只講究辭藻、關注自己內心的小宇宙，享受自己的小確幸，受苦於自己的小煩惱。「這沒有不好，但是很可惜，台灣少了很多有深度的品類，例如來說，台商在大陸奮鬥了三十年，有多少精彩的故事可以書寫，這台灣人不寫誰來寫？」李延賀說。

溫馴的李延賀連聲可惜，也幫忙找藉口：「畢竟台灣沒有 BBC、《紐約客》那樣的媒體，可以給作者這樣創作的機會，」而寫出報導寫作經典《消失中的江城》的何偉，正就是《紐約客》的記者。因此他不斷尋找採訪經歷豐富、觀點特別的記者、影像工作者，催生他們進行非虛構寫作，本職調查記者的阿潑就是他發掘的，現在他手頭上還有好幾位，更不厭其煩地跟作者討論結構，協助改寫。

冒險者的性格，跨海婚姻的陸配新旅程

「冒險者這個身份呢？」「其實我本身就具備冒險者的性格，否則我不會在沒有經驗的狀況下，放棄大陸的工作來台灣歸零重新創業。」而他津津樂道的是，五年來在台灣的種種，之於他就是一個神奇的未知旅程，永遠有著許多新奇，例如台灣豐沛的宗教文化與能量，就讓他深受震撼。「在馬克思無神論的中國，沒有這樣的東西。」他說。

李延賀定義自己是「神不可知論者」，沒信仰但深深被宗教力量所感動。他也好奇初一、十五滿街的店家拜拜，到現在他都還會跑去端詳有哪些供品。而他在電影《練習曲》裡看見大甲媽祖遶境，竟莫名流下淚水。於是找機會就半路參加了

一次。

「從接近中午走到晚上八點，快累垮了。但黃昏時刻，神轎的燈亮了，進香隊伍的宗教歌曲也分外奇妙。雖然我聽不懂台語，但有種陌生之美，感受非常強大，把我震撼住了，」他接受《天下》訪問時說。

「共產黨不是有類似宗教的活動嗎，類似握拳宣誓之類的？」看多大陸連續劇的記者問，「現在早都沒了，都是形式主義而已，」大學就入共產黨的李延賀說。

這一切宗教體驗之於李延賀都是全然未有的經驗，八家將、三太子、七爺、八爺諸多陌生的神祇，各地宮廟的迎駕，虔誠信眾五體投地鑽轎底，讓他反省著台灣與中國的文化本質差異，此後他花許多時間研究台灣的民間信仰，跟了媽祖遶境、還參加了鹽水蜂炮。

這對李延賀那顆先是被政治清洗，後來被資本主義大潮徹底衝擊的中國腦袋，有了很不一樣的體會，他批判中國許多大廟為了經濟或觀光理由而存在。所謂「經濟搭台，文化唱戲」，但他同時也對於台灣宗教信仰太偏向許願式的初級模式，而感到不足。「不過這正就是台灣豐沛民間力量的一大來源。」閒暇時間，他除了到處看台灣，還騎自行車環島，更去衝浪、登山，用每一吋肌膚去感知台灣的山、海、空氣，「我每一天都過得很有滋味，我認知的台灣是跟陸客很不一樣的。」

回到這一切發生的起點——這一段跨海婚姻，回憶初見妻子的第一印象「她們都好像瓊瑤小說裡走出來的女主角！」李延賀形容當時在學校看到這些交流的台灣女學生的感受時，表示完全被迷倒了，「美美的名字，女性化、纖細有氣質的談吐，對人不防範的純真信賴，都與大陸女性迥然不同，這些特質吸引了他們這群學中文的大陸男生。」他說。

李延賀的妻子這樣分析：「我們的感情基礎，最重要還是彼此有共同的文化基礎跟價值觀。」對於中華文化的相同情懷，讓他們彼此認同，婚姻道路也走得比較踏實。「不過，我深綠老爸還是常說，這個女婿什麼都好，就是一樣不好，是個大陸人！哈哈！」台灣這段尚未結束的旅程，豐富了李延賀的人生，同樣地，台灣因李延賀而更豐富。

（採訪撰文：楊泰興，攝影：汪忠信）

「勇於嘗試、善用自身條件」

台灣有許多小出版社，李
延賀在台灣無論資金、人
脈、經驗都是從零開始，
能走出自己一片天空，殊
屬不易。一如李延賀所
言，出版行業是相當在地
的行業，他過去在中國雖
然有相關產業經驗，但不
見得能掌握到台灣出版市
場的脈動，但是他反省失

敗經驗，迅速調整出版策略，一方面利用自己「知中」的優勢，開發有關中
國研究的書；一方面有計畫地推動台灣文字工作者進行報導文學寫作。同
時，他也以務實的手法嚴格控制成本，也不花大錢邀請海外作者訪台。

李延賀認為，「我來自邊緣，而且是雙重邊緣，是少數民族滿人，又是在
台生根少數的大陸人，與許多處於邊緣狀態的作者反而更能溝通。」

優勢跟弱勢往往是一體的兩面，李延賀非主流的身份，恰恰提供了台灣對
世界不同角度理解，台灣成就了他，他也豐富了台灣。

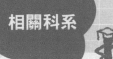

產業鏈

- 翻譯人員
- 排版人員
- **書籍編輯**
- 新聞編譯
- 文字編輯校對人員
- 行銷企劃人員
- 語文補習班老師
- 美術編輯
- 網路企劃專員
- 採訪編輯

相關科系

- 中國文學系
- 應用外語學系
- 大眾傳播學系
- 社會學系
- 新聞學系
- 行銷學系
- 華語文學系
- 美術設計學系
- 新聞學系
- 哲學系

在地故事擦亮老招牌，捲起溪頭妖怪村旋風

林志穎

一九七二年生於南投縣，明山別舘股份有限公司總經理。畢業於淡江大學電機系，明山森林會館第三代經營人，溪頭妖怪村創始人之一。歷經颱風、地震等多次天災挫折歷練，將逐漸沒落的溪頭觀光透過創新的妖怪村經營，成功擦亮傳統旅館老招牌。自二〇一一年將會館正式更名妖怪村之後，每年湧進的觀光人潮逐年攀升，妖怪村成為中部知名景點之一，藉由在地的故事性行銷，成功吸引百萬人潮，引領溪頭地區的觀光盛況風華再現。

走過筆直的竹林，沿著山路蜿蜒而上，清晨的霧氣依然未散，南投山區的空氣清新宜人，風景秀麗，在寧靜的林中，時間也彷彿凝結了，順著山路蜿蜒而上，似乎又進入另一個世界。溪頭妖怪村裡仍然人聲鼎沸，絲毫感受不到這裡曾因震災、土石流而陷入困境。

林志穎傳承了從祖父與父親打造的傳統旅館，又勇於突破創新，超越了既有的經營模式，引入具有故事性的行銷元素，重新打造出一個頗具吸引力的觀光勝地。難得的是，妖怪村的行銷與經營並未脫離土地，故事緊扣著溪頭的人事物。

一場強烈颱風，重挫家族事業

一九七二年生的林志穎才四十出頭，但已經經歷過不少的人生試煉。他在退伍之後，茫然不知人生道路該如何經營，想到年邁的父親依然肩負著經營旅館的責

任，便選擇回到從小生長的溪頭，從旅館最基層的櫃檯、總務、房務等工作做起。

他跟藝人林志穎同名同姓，因此被戲稱是「溪頭小旋風」，大學唸的是淡江大學電機系，「純粹是為了當時電子、電機系很紅，所以就填志願去唸，進去之後，發現真的沒興趣。到後來，連對唸書都失去興趣，因此，唸大學時候就開始四處遊玩，因為當時很多同學都一樣，國中高中階段的課業都是被逼出來，班上百分之七、八十的同學都不知道自己未來要做甚麼？」

不過，到了大四的時候，林志穎還是得面對未來，他選擇到順達電子公司打工，先去體驗職場生活。「我跟一般大學生一樣，百分之九十九的學生對於未來全都茫茫然。未來是直接去就業或當兵，坦白說，真的沒有太大的想法。」

林志穎想到自己沒認真讀書，去考研究所也可能考不上，所以乾脆先去當兵。就在當兵快退伍的時候，一九九六年七月三十一日強烈颱風賀伯侵台，以最高中心風速每秒七十二公尺狂襲台灣，更在南投地區降下超過一千公釐的雨量，溪頭所在的鹿谷鄉爆發土石流和山洪爆發。明山森林會館遭受重挫，而當時林志穎的父親所經營的鱒魚場，一夕之間化為烏有，林志穎回憶說，「我十月三日就要退伍，還剩兩個多月，眼見爸爸一輩子的心血全部被水沖走，真的很震撼，心裡受到很人的衝擊。」

接二連三的天災試煉

林志穎利用退伍假返回溪頭，幫父親處理善後，至今回憶起來，依然一陣鼻酸，林志穎自嘲說，「我那時才知道鱒魚和鮭魚不一樣，因為鮭魚會迴游，但鱒魚不會，所以，所有的鱒魚都沒有游回來。」

林志穎回到家族經營的明山森林會館之後，幾乎是從頭做起，先從夜間櫃檯開始，然後早上兼總務工作，牽水管、拉電線、裝電燈泡。其實，退伍前已經應徵到電子公司的工作，但林志穎選擇回到故鄉，心裡想著，家裡遭到這麼大的變故，自己應該要多回來陪伴他們，「然後就這樣一直陪，陪到現在。」

不過，更大的災難在後面。兩年多後，一九九九年九月二十一日凌晨一點

四十七分，台灣中部地區發生台灣自從二次戰後損失最慘重的天災——九二一大地震，震央就在鄰近的南投縣集集鎮。回憶起地震發生時，林志穎餘悸猶存，「那時我還沒睡，正在看電視，突然就沒有電，然後開始天崩地裂，後來，整整有一兩年的時間，晚上睡覺時，只要稍微有一點搖動，就會立刻驚醒過來。」

這次地震重創鹿谷，飯店建築、設施和道路都受到損害，林志穎說，「很多地方都得重新整修，龜裂的部分也都得補強，而在這場地震之後，客人幾乎不再上山，飯店也沒了收入，原本的五、六十個員工，只好被迫離職。」

林志穎自嘲自己是災難王子，接連遇到天災，當時是否感到挫折？林志穎想了想，他說，「我根本是災難王子，飯店連續遭受重創，客人大幅減少，員工也都會

免費提供實境體驗的妖怪村

溪頭是台灣著名的森林遊樂區，曾經有每年吸引數百萬人次來休閒旅遊的盛況，境內為丘陵地形，雨量充沛，加上土壤氣候適合茶樹生長，以凍頂烏龍茶聞名海內外，境內還有台大實驗林場，環境優美，氣候怡人，溪頭遊樂區內林相豐富，古木參天，遍植杉木、柏樹、紅檜、孟宗竹、銀杏等植物。

妖怪村是明山森林會館自主經營發展出來的商店街，近年來吸引不少年輕族群前來旅遊。相對於其他獨立的遊樂區，妖怪村並不收取門票，而營收則是靠著旅館、商店街、餐廳的收入，對此點堅持，經營團隊也經過內部很多的討論。畢竟這是一個兩難的問題，因為如果要收費，就會開放性不足，遊客就會猶豫，但如果不收費，就會面臨成本的問題。

在經過內部討論之後，最後決定不收費，以吸引更多遊客進來參觀，並身歷其境的體會感受妖怪村的氛圍，也每年定期或不定期舉辦活動，來吸引人潮，希望遊客可以因此在商店街、攤位上消費。林志穎說，「不收門票的經營，當然有點辛苦，但我們也是邊做邊學，邊做邊想，希望可以創造出一種可以兼顧理想和現實的經營模式出來。」

擔心害怕工作，那時沒想到什麼挫折，就是堅持。因為這是阿公、爸爸留下來的事業，不管怎樣都要堅持下去。」

林志穎那時還沒結婚，就開始每天住在山裡，「顧」山、「顧」飯店，等客人慢慢回流，但飯店經營其實已經慢慢走下坡。「災難還沒完！」二〇〇一年七月二十八、二十九日中度颱風桃芝橫掃台灣，造成台灣農漁牧損失，而南投縣又是受災最嚴重的地區，鹿谷地區爆發土石流，幾座連接溪頭和鹿谷地區的橋樑全被沖毀。

當時，飯店裡共住了五百五十位客人，也因此受困山中，林志穎回憶起這一段也是滿腹辛酸，「總共五百五十位客人受困，每天一大早，我就得起來張羅早餐，當時斷水、斷電，衛生環境很糟糕，廁所惡臭難聞，但我們又得照顧好客人，實在很慘。大自然的力量很可怕，當時處境實在很可憐。」

颱風結束、橋樑搶修好之後，林志穎和飯店員工才把遊客一一順利帶下山，而當時飯店內大概還有二十五到三十位員工，林志穎召集他們坐下來開會，他對同仁們說，「我們一定會重新站起來，大家要有信心，如果家裡有困難，那可以先去找工作，或者去領失業救濟金，但有一天我站起來的時候一定拜託各位回來。」

林志穎說，「我對員工有責任，因為他們都是當地人，就跟著阿公、爸爸工作，但現在卻因為災難被迫去台中、斗六等地工作。我有責任，如果有一天重新站起來了，也一定要把這些人找回來。」果真，在後來改變經營型態，並成功闖出一片天地之後，林志穎把這些老員工一一勸回來，也讓他們回故鄉工作。

對於繼承家業，林志穎說，「那時候會回家鄉幫忙，也是因緣巧合，因為天災的關係，把爸爸的鱒魚場全部沖毀了，所以真的得回家幫忙，之後會繼續下去，也是一種責任，因為對爸爸有責任，爸爸又需要人幫忙，而對這些老員工也有責任，因此就一路這樣堅持下去。」

林志穎也坦言，很多員工都待了一、二十年，這樣的家族企業比較有包袱，年輕一代跟老一代的溝通會有隔閡，但就是要堅持理想，更要努力溝通，畢竟這些前輩既然他們活得比你久，社會歷練更多，即便有溝通上的問題，但他們的經驗是非常難得的，因此雙方的溝通變得非常重要。

求生存，傳統旅館轉型新面貌

面對歷經土石流、地震、水患的傳統旅館，是怎樣變成吸引年輕族群的妖怪村呢？這是如何發想的呢？林志穎思索了一會，他語氣堅定地回答，「為了要生存，因為要求生存。」

溪頭是歷史悠久的觀光景點，如今會到溪頭的遊客，多數是長青族，不是領百分之十八優惠利息的退休軍公教人員，就是老人會、進香團，幾乎沒有年輕人，因此逐漸沒落，飯店和周圍店家的業績都拉不起來，整個溪頭陷入困境，沒有太多生氣。

此時，林志穎遇到了未來的事業伙伴曾俊琳，後來也找來有媒體經驗的王雪莉。一開始，雙方只是想翻修老飯店的大廳，但年齡相仿的林志穎與曾俊琳越聊越投機，甚至開始談到明山森林會館大改造的想法。

林志穎說，「我們兩個是很好的朋友，常在一起討論東西，牛哥（曾俊琳外號）也是南投人，有開設計公司、開泡沫紅茶店，因此兩個人常在一起出去看東西，後來討論到，如果要經營一個景點，那就要有老店、商

妖怪村總經理的一天

我是妖怪村主題飯店的總經理，喜歡提出許多新奇搞怪的創意。說到管理飯店，也有我自己一套見解和方針，有時讓人感到不按牌理出牌。我是喜歡發掘問題、解決問題的行動派，沒有固定的上下班時間，某一天是這麼過的⋯⋯

10:00 上班
踏入飯店，立即準備到廣場上與妖怪、員工們一起做早操，展開一整天的行程！

10:30 環境巡視
先巡視飯店、園區，到各單位訪查員工的工作狀況和進度。透過經常的溝通，可以發掘員工與遊客的需求，也讓員工有機會了解我的經營方針，大家朝著共同的理念前進。

11:00 晨會
在飯店管理或巡視中發現的問題，會在每日晨會中提出討論；不僅每日開晨會，不時也會利用飯店 LINE 群組，讓各單位主管和員工即時反應問題，更有效率地尋求對策。

12:00 午餐時間
有時會到員工餐廳和大家一起吃飯，有時會買園區內的小吃，檢視商圈食物的品質；若是居酒屋或食堂推出新菜色，也會

邀請相關單位的員工一起去試吃；碰到貴賓來訪，我會在食堂裡與賓客共進午餐。

13:00 爬山

吃飽稍做休息之後，我喜歡到附近的溪頭自然教育園區裡爬爬山，整理思緒，許多創意或領悟都是在這個時候想出來的。

14:00 園區表演

下午兩點，「妖怪嘉年華」和「妖怪大遊行」開始表演，我會站在舞台側邊欣賞表演，邊看邊笑，有時也皺皺眉思考著。想到新點子，活動一結束，就會把活動企劃團隊找來討論。

15:00 批閱文件

回到辦公室批閱公文、看雜誌書籍。為了避免拖延呈報單位執行任務，當日的文件皆盡可能在當日完成。

16:00 溝通互動

到各部門巡視交辦事務的進度，與部門主管溝通、聊天。

17:00 下班時間

每隔一段時間，我會隨機抽樣不同的房型入住，因為客房的整潔、舒適、安寧和服務等，只有身為客人，才能體會。有時也會為了晚餐來訪的貴賓而設宴；或有時會早點下班，留多一點時間給家人。我也相信無為而治的概念，讓員工培養自我管理和自我約束的能力。

店街，這還不夠，更要有故事、要有傳奇。」於是，兩個人開始去觀摩其他熱門的觀光景點，像是三峽老街、墾丁大街、新竹城隍廟，金山老街，看看別人如何經營、如何創造話題、吸引人潮。

不過，他們準備著手進行時，卻引來別人的訕笑，一位自稱是「溪頭老鳥」的前輩甚至笑說，「我住溪頭二十幾年了，別傻了，搞不起來啦！」鄰近的店家也都袖手等著看這兩個年輕人鬧笑話。招商時更是遇到許多挫折，像是賣豬腳的小販感嘆說，「根本沒生意，我真的不想幹了。」另一位賣麵線的阿姨也急著要求調降租金，「生意真的太差，根本活不下去。」

此時，經營團隊苦思要怎樣才能創造話題、吸引人潮，林志穎認為，在這個過程中，「要有好朋友、好人才的幫忙，像楚漢相爭時的劉邦和項羽，項羽就是太英雄主義、個人主義，但劉邦則是會用人，所以得到很多人的幫助，最後成功了，畢竟光憑一個人的力量成就不了那麼多事情。」身為領導者

的林志穎強調，「我很尊重團隊，尊重他們的想法，因為很多創新和超越，其實都是憑空想像而來的，因此這個想像就很重要，想像不能被限制住，需要非常大的彈性和空間。」

剛開始，經營團隊舉辦了童話森林，把白雪公主、七矮人、灰姑娘、小木偶等卡通人物放在森林裡，但熱鬧了一陣子，效果就不見了；也想了精靈部落的點子，在森林裡蓋一座歐洲城堡，以山中的精靈、仙子來試圖製造話題，但也是效果不彰。

經營團隊事後檢討，「這些元素都太過複雜，而且跟溪頭、鹿谷的在地元素沒什麼關聯。」談起這段失敗、重新出發、再失敗、再出發的坎坷過程，林志穎說，「我個性是很樂觀，反正做不好，就再想、再做、再繼續想、再試試看了，失敗是一個很好的機會，如果遇到失敗，不要放棄，因為台灣是一個給年輕人很多機會的地方，只要有努力、有打拚，就會有機會。」

後來，林志穎想起祖父林瞻如何開始經營明山森林會館的故事，從這個故事出發，就慢慢發展出非常具有在地性的一段傳奇，而這段傳奇也讓有四十多年歷史的森林會館脫胎換骨。

從祖父的故事發想，成功延伸在地傳奇

林瞻的日本名是松林勝一，在日治時代，就在日本人經營的林場中工作，到了日本戰敗，準備撤離台灣，因林場主任久保田先生的託付，買下這一小塊林場，並

開始經營餐廳。當時戰後，台灣百廢待舉，林瞻獨力在山上辛苦經營餐廳和旅遊業務。

山霧瀰漫，野生動物也多，每逢入夜，鳥獸叫聲此起彼落。喜愛動物的林瞻，從小就養了兩隻台灣土狗和一隻棄耕的老水牛，在一次偶然的機會中，十幾歲的林瞻撿到一頭小雲豹，又養了一隻小台灣黑熊。充滿創意的牛哥一聽到林志穎談起祖父的故事，眼睛為之一亮，立刻想到可以把這段故事當作創作的元素，因此，兩人就這樣發想出「八豆」（肚子，雲豹的肚子因為飢餓而出現一個『八』字）與「枯麻」（即日語『熊』kumar）這兩隻動物。

就這樣，以這個故事為起點，並以祖父的名字為稱號，將森林會館和周邊的商店街取名為「松林町」，開始對外招商和吸引人潮。就在準備開始經營，並舉辦活動招攬生意之際，松林町發生了一個美麗的誤會，而這個誤會又創造出另一個驚喜。

循著這樣的故事發展軸線，從二〇〇九年正式取名「松林町」，二〇一〇年設立「久保田烘焙坊」，推出主要商品——「咬人貓麵包」，而八豆、枯麻兩隻吉祥物也逐漸受到遊客的喜愛。隨著人潮的湧進，溪頭開始塞車了，回憶起剛開始回復的人

●森林會館周邊的商店街「松林町」

潮，林志穎頗為得意，「我可以這樣告訴我爸爸，終於又讓溪頭塞車了。」

隨著人潮的增加，林志穎所帶領的經營團隊也開始思索著要如何舉辦活動，把人潮留住。於是，他們決定挑戰鬼月，在農曆七月的初一到十五舉辦遊行。林志穎開記者會對外宣布，還準備了二十幾個面具，找中部的劇團扮鬼。經過了一個月的宣傳期，鬼月的訂房竟然全滿，媒體報導也相當多，外界反應出奇地好，「溪頭有個妖怪村」在媒體和網路上流傳，「現在外面都叫我們妖怪村！」於是，到了二〇一一年，乾脆正式改名為「妖怪村」，透過文創商品的發想和設計，跟妖怪相關的商品開始出爐，而農曆七月的遊行活動，就叫做「妖怪嘉年華」，成功吸引了上萬的遊客到妖怪村搞怪。

在最接近快樂的地方，把快樂賣給客人

二〇一二年除了「妖怪嘉年華」，更在農曆過年期間舉辦「溪頭白木祭——清酒祭典」，也將飯店改建了七間的「枯麻主題房」，並開拓了十六響鈴侍、山神居、妖怪雜貨、八卦籤詩筒等周邊景點。到了二〇一三年第三屆的妖怪村嘉年華，妖怪村還邀請家扶中心、竹山高中的畢業同學，一起參加大公雞的迎親嘉年華。

細看這些妖怪村所舉辦的活動，在熱鬧喧囂下都有清楚的活動主軸，緊扣著帶有 kuso 趣味的「妖怪」味，但又不令人害怕，反而有一種讓人莞爾一笑的趣味。例如販賣烤雞的蝴蝶雞、妖怪電死秀、妖怪公車，販賣 pizza 的避煞專家、把杏仁牛奶餅取名為「超級掰」等等，處處都有令人會心一笑的創意，讓妖怪村處處是小驚喜。

就這樣，曾經擁有風光歲月的溪頭，在歷經天災的摧殘之後，妖怪村又帶回人潮，單月觀光人次衝破三十萬人。二〇一二年，林志穎還被雜誌評選為二〇一二年百大傑出經理人。而二〇一三、二〇一四年的人潮更是逐年攀升，妖怪村成為中部最知名的景點之一。

被林志穎稱為是「Tony 桑」的捷安特公司執行長羅祥安，是林志穎父親林光烈的好友，就在父親過世當天，林志穎在告別式結束後回到溪頭，羅祥安帶了一瓶紅

酒來看這位故友的兒子，Tony 桑說，「現在你就知道該如何安慰人了。」而在事業陷入瓶頸時，林志穎也忘不了 Tony 桑曾告訴他的「任何行業都會遇上瓶頸，但若以更宏觀的角度來看，只要賦予自己正在做的事情更高的使命感，就能繼續堅持下去了。」

林志穎從 Tony 桑身上也學到許多，「就跟販售腳踏車一樣，不只是賣腳踏車，而是賣一種生活和運動的方式，而經營觀光旅遊業，也是一種販賣快樂的行業，就是把快樂賣給客人。」林志穎說，經營會館，不要只是想賣一個房間給客人，而是把服務賣給客人，更要把快樂賣給客人，就好像妖怪村中的舞濱舞台，就是仿自日本鐵道 JR 京葉線的車站，因為那是最接近東京迪士尼的車站，也就是最接近快樂的地方。

妖怪村成功的關鍵之一，就在「故事性」，而這個故事性是跟溪頭在地的「人事物」密切結合在一起，而這些旅遊景點的行銷，故事本身就是最有力的吸引點。

（採訪撰文：鄭任汶，攝影：汪忠信）

●進入夜晚的妖怪村

超越基因

「勇於挑戰及追求夢想、富有創意、忍受挫折與壓力」

林志穎說他國小時的志願是要當科學家，但歷經國中、高中的階段，上大學之後就沒有什麼志願了。」林志穎感慨，「除非有學長、學弟這樣帶，但我沒有，因此一下子就茫然了，不太清楚自己想要做什麼？」林志穎認為，年輕人要勇敢追求夢想，用最熱忱的心來看待這個世界，並追求屬於自己的夢想。

對於想從事服務業的年輕人，林志穎認為，服務業就是要有使命必達的精神，客人至上，更必須忍受挫折，抵抗壓力，同時更要把服務業的水準提

升，年輕人要多多去嘗試，不要怕，不要擔心失敗，有機會就去闖闖看，世界有無限的機會在等著你。林志穎也強調，當然語言能力也非常重要，要有好的語言能力，才能幫助你行遍天涯，看到世界。

產業鏈

- 文化創意產業輔導員
- **休閒遊憩旅館經營者**
- 觀光旅遊服務人員
- 生態旅遊從業人員
- 領隊、導遊
- 導覽解說員
- 活動企劃人員
- 公關行銷人員
- 客戶服務人員
- 環境工程人員

相關科系

- 觀光系
- 觀光旅遊系
- 休閒事業學系
- 休閒管理學系
- 外文系
- 文化創意產業學系
- 餐旅管理學系
- 旅館管理學系
- 歷史系
- 會議展覽服務業學位學程

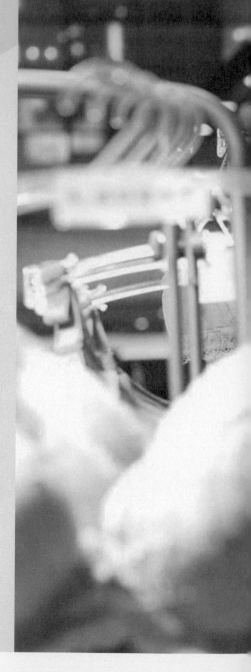

◎ 管理學群／服務業

堅守銷售崗位的
專櫃一姐

林淑媚 Profile

一九六六年生於宜蘭縣頭城鎮，台灣華歌爾股份
有限公司內衣專櫃長。

庄腳農家子弟，半工半讀畢業於省立頭城高中夜
間部幼兒保育科，從一九九三年進入公司於新光
三越百貨南西店的專櫃實習第一天開始，始終堅
守第一線銷售崗位，站在同一家百貨公司的同一
個專櫃，服務至今已超過二十年。

●在林淑媚的帶領下，許多同事與她配合了十幾年

「歡迎光臨！」

　　走進百貨公司，你遇過哪幾類銷售人員？希望受到什麼樣的款待呢？

　　來自購物業的統計顯示，台北是全球百貨業密度最高的城市，眾多百貨公司激烈競爭廝殺，想要脫穎而出成為專櫃的一姐，必然練就一身非凡本領。光是內衣專櫃就多達二十三個的新光三越南西店裡，總是笑臉迎人、如同鄰家大姐那般親和的華歌爾櫃長林淑媚被封為「內衣達人」，全櫃全年業績高達四、五千萬元。因為，她擅長的不僅僅是行銷商品，而且樂在工作，對顧客付出誠意百分百的貼心。

　　台灣的內衣品牌眾多，光是華歌爾服務人員全省就多達三千位，多次獲得公司服務達人、禮貌小姐及業績達成獎的林淑媚，賣的不僅僅是內衣，而是以濃厚的人情味、體貼的附加服務、專業的銷售訓練讓對方「一試成主顧」，不但回頭消費第二次、第三次……，而且介紹更多親友向她購買。穩定顧客群之中，不乏一家三代都指定由她服務的例子，甚至還不需要內衣的小小孩也因為對這位「姨嬤」印象深刻，特地拉著媽媽上門來。

二十年來，
堅守在同一個百貨專櫃的認份因子

　　從一九九三年進入華歌爾實習的第一天開始，林淑媚就站在這家百貨公司的同一個專櫃，整整站了二十年。青澀的宜蘭頭城偏鄉女孩，在五光十色的大都會打拚，蛻變成為帶領同事屢屢獲獎的大姐頭，看似偏離原來人生規劃，卻也歸功於她具有「生意囝」的特質，從小幫父母送貨，提早在「社會大學」修習待人接物的眉角，深諳如何 開害羞與閉持，熱情招呼生意往來的客戶。

　　身為老大的她，很早就知道自己不能夠選擇升學，必須早一點進入社會賺錢：「我底下還有四個妹妹、一個弟弟，庄腳囝仔比較認份，從小就懂得承擔對家庭的責任。跟阿公、阿嬤三代同堂的傳統大家庭，光是務農無法養活那麼多人，我們家的副業，是販賣那種添加在鰻魚飼料補充蛋白質的紅蟲，為了講究新鮮，幾乎每天都要送貨。讀國中的時候，我每天清晨六點就要騎腳踏車出門去，將紅蟲送給比較靠近學校附近的幾家養鰻場，送完才能進學校，然後匆匆忙忙吃早餐。冬天很冷啊，小孩子難免貪睡，我媽叫我都叫不起來，但內心轉念一想，如果我不送，也不可能讓更年幼的弟弟妹妹去，只好掙扎著乖乖起床了。」

　　「假日也不可能閒著，種稻仔、搓草都要忙。到了收割季節，為了搶時間，甚至必須向學校請假。其實，我還蠻愛讀書的，有時忍不住問我媽，又不能去上學嗎？好幾堂課聽不到耶；媽媽就回答：『真正會讀書的人，不差這一兩天，沒關係啦。』她經常開導我，做大仔，本來就卡吃虧，不可以

●林淑媚以懷抱跟顧客交朋友的心情服務

●「用心」，是林淑媚成為專櫃一姐的訣竅

怨嘆，幸好我生性很樂觀，也不以為意。」

國中畢業之後，認命的林淑媚選擇可以半工半讀的省立頭城高中，白天在遠東紡織廠做成衣，晚上再去上幼兒保育科的課程。「我一路幫爸媽照顧弟弟妹妹，揹著他們還可以跳房子呢，想像自己應該很喜歡小孩子，所以選了這個科系，但實習的時候卻發現，拉拔幾個弟妹，跟一次帶二十個幼稚園小朋友是完全不一樣的，不到兩個月就落跑了，只好回去遠東繼續做襯衫。」

學非所用的林淑媚，很快就遇見改變一生命運的機緣──在華歌爾上班的妹妹打電話通知：「公司現在缺人，我覺得妳的個性活潑，很合適這類工作，要不要上台北來應徵看看？」她心想，試試也無妨。這一試，就是二十年，讓林淑媚找到事業及心靈落腳的地方。

從第一線實戰中直接累積的行銷歷練

因為缺人，自謙庄腳人的林淑媚，還來不及接受任何職前訓練，就站上台北頂尖百貨公司專櫃的第一線。所幸，櫃長誇她生性機敏，懂得觀察前輩跟顧客如何互動、推銷，然後慢慢揣摩自己的銷售技巧。她還記得，第一天做成的第一筆生意，是賣出內褲，當時的成就感至今難忘。

「百貨行銷所需要的專業知識，跟工廠完全不一樣。剛開始，我一竅不通，壓力

隨著經濟發展，世界各國產業結構不斷改變，從早期農業社會、工業社會，逐漸進入服務業年代。《台灣服務業聯盟》的資料顯示，服務業佔台灣 GDP 的比重，從一九八〇年代的五三％逐步提高為二〇一一年的六六％，佔就業人口的比重超過六〇％。而在服務業的十二大類別之中，屬於批發零售、加盟連鎖的配銷服務業與金融服務業並駕齊驅，發展動能備受矚目，林淑媚所從事的內衣銷售正是其中一環。

以內衣業為例，分水嶺在五〇年代。之前，女性貼身衣物是不能公開討論的私密話題，產品多為量身打造，只有少數本土廠商產銷，僅僅滿足基本的保護功能而已；直到六〇年代後期，隨著工商業繁榮，國外知名品牌陸續進軍台灣，本土內衣市場逐步進入量產時代，內衣銷售也開始成為專門職業。如今，台灣每年的內衣市場營業規模估計超過兩百億元。

商品銷售絕大多數屬於中小企業，但從業人口將近一百八十萬人，營業額不斷攀升，薪資也有所成長。因此，經濟部看好整體服務產業的未來，將服務業國際化、科技化等計畫列為發展重點，希望在二〇二〇年將服務業產值推升為新台幣四兆七千五百五十四億元。

特別大，白天在賣場認真汲取實務經驗、學習大家的優點，站了一天回到家也不敢休息，而是拿著書面教材猛 K，希望趕快跟上同事們的腳步，整整過了半年才有機會回公司上課。這樣的特殊歷練，雖然跟別人不同，卻對我助益極多。」

「台北不比宜蘭，我當然遇到不少困難，難關之一，就是人際關係不像鄉下那麼熱絡，大門甚至也不必關，跟鄰居拜託一聲就好；台北感覺冷冷的，即使你笑嘻嘻跟他說話，對方也可能冷漠以對。內心挫折的時候，就會想起我媽媽教導過的，要賺人家的錢，哪有這麼簡單！如果沒有比別人用心、勤快一點，哪有辦法賺到錢呢？為了生活，我就給它忍起來。」

漸漸地，林淑媚揣摩與顧客互動的秘訣、感受到銷售的樂趣，不再只是為了生活忍耐而已。她發現，行銷是一種全方面的服務，臉要笑、嘴要甜、腰要軟、耳要聽、腳手要快，必須先真心傾聽客人的需求，快速找出適合的產品推薦給他，而不是只憑三寸不爛之舌想將東西「塞」給對方；如果你腦子裡只有錢，無法獲得顧客的信任與默契，就不可能建立良好的長久關係，也無法吸引人家再度前來消費。

敲開顧客心門的「通關密語」

　　林淑媚強調，競爭激烈的都會區，五步、十步就有一家內衣店，加上電視購物或網購越來越盛行，別人為什麼一定要特別走進這家百貨公司找你購買？從早年的品牌取勝，到如今行銷管道越來越多元，她想賣的都不僅僅是單純的商品，而是更加值的專業及服務，懷抱跟顧客交朋友的心情，慢慢找出敲開對方內心大門的「通關密語」。

　　林淑媚的第一個「通關密語」，就是拉近彼此之間的距離，先了解顧客需求，再推銷適合的產品。第一次來櫃的陌生客人，難免擔心被強迫推銷或上當，她通常以推銷自己開場：「小姐，我很會介紹喔！給我一個機會，讓我幫妳介紹好不好？」若是顧客刷卡簽名，她也立刻細心記住、親切稱呼對方，並且把握機會留下資料，牢牢記住常客的特性。曾經有一位客人，聽完她詳盡的介紹，什麼也沒買就走了，兩

個小時之後逛完所有專櫃卻又回頭找她，因為對她自信及專業的印象最為深刻，後來不但成為她的主顧客，還成為她的強力推銷員，介紹許多朋友前來消費。

第二個「通關密語」是耐心觀察顧客真正的需求。某天，一位主顧客帶來心事重重、眼角彷彿帶著淚光的朋友，原來這朋友剛剛失去一半乳房，需要尋覓特殊內衣，林淑媚想轉介她們到華歌爾公司的社會服務部，對方卻婉拒了。然而，熱心的林淑媚並不放棄，將心比心判斷這位「少奶奶」可能羞於求助，於是數度親自登門拜訪遊說，終於說服對方接受諮商建議而買到合適的產品，倆人後來也成為無話不談的好朋友。

第三個「通關密語」是傾聽。她說，挑戰最大的，往往不是客人不知道自己要什麼，而是心有定見卻又不符合本身胸型，這個時候就必須發揮高度智慧，既不能一口氣否決顧客想法，也不應該一味迎合對方，銷售可能不符需求的產品，寧可多花一些心思及時間，透過慢慢替客人裁寸（量尺寸）等過程，聽出他們真正想要的是什麼，引導對方多試幾件，嘗試其它的可能性，以滿足客人的最終期望。

第四個「通關密語」，是台灣俗諺形容的：「嫌貨才是買貨人。」她說，對於所有客人都要心存感激，即使遇到挑剔的客人，等於提供機會讓櫃姐改進工作上的不足之處。因為，實務經驗顯示，付出越多誠心為客人解決問題，留下良好的印象，越有機會拉攏他成為主顧客，不但他自己會持續回來找你，而且一傳十、十傳百，無形之中為你宣傳出好口碑。

為客人多做一件貼心事

銀貨兩訖之餘，林淑媚也透過許多搏感情的撇步增進附加價值。她認為，所謂的「加值」，就是「為客人多做一件事」，不僅滿足客人的期望，有時甚至要超越客人的期望。除了當場教導顧客如何洗滌、保養內衣等一般諮詢，她還在櫃內準備一台縫紉機，跟客人強調自己「一直站在這個專櫃裡」，以後無論內衣需要改小一號，或者加襯、加背鈎，永遠可以回櫃來找她，而且通通都是免費的。她說，只要稍加修改就可以延長產品壽命，表面看似減少賣出新貨的生意，卻是既為顧客省錢又環

保，反而交到更多搭心（台語，意指貼心）的好朋友：「我書讀不多，只有社會經驗，但他們都說我是台大縫紉系的呢！」

　　林淑媚令人意想不到的，還有主動出擊的作法，若是顧客有需要，甚至可以「內衣外送」，將產品直接送到家中讓你試穿選購：「有些熟客信任我的選擇，或是臨時不方便出門，只要打個電話來，先大略溝通這次需要哪類顏色或式樣，我也願意服務到家。這種加值，是因為彼此都信任對方，根本是朋友了，關係特別好的，還有人邀請我去參加孩子的婚禮呢！」

　　林淑媚也樂於分享，例如她煮得一手好菜，就是很好的話題與橋樑：「跟客人聊天是我的興趣，煮菜也是，辦桌請客都不是問題，麻油松阪豬、乾燒大蝦都難不倒我，好姐妹們還誇稱我是六星級的，以後就算不站櫃也可以開餐廳。有時試新菜請顧客吃，她們很開心，甚至事後打電話來詢問，那個韓式泡菜或某某菜要怎麼做呀？」

樂在工作，找到幸福的成就感

　　用心經營客戶的林淑媚，擁有一群好夥伴，同事盛讚她「比電腦還厲害」的能力，不但平時牢記常客偏好的款式及顏色，遇到客潮大量湧入的周年慶，專櫃裡面哪些產品的貨號、餘貨數量，更是全部在她腦中，比查詢電腦還快。她則強調，有的同事配合十幾年了，默契非比尋常：「這個專櫃的業績能夠成長，並不是我一個人特別厲害，都是靠團隊的默契與合作，多多容納彼此的意見，大家互相包容、支援。他們常常開玩笑說，我像他們的媽媽，工作環境快樂，才能夠長長久久。」

　　在百貨公司站櫃，是非常辛苦的工作，周年慶往往忙到連吃飯、喝水都沒時間，與家人相處也受到重重限制，必須沒有後顧之憂，才能持續走下去。為了家庭，許多已婚櫃姐不得不選擇離職，結婚生女的林淑媚也曾經覺得虧欠：「我們一

●林淑媚在店內準備縫紉機，提供免費修改的服務

個月雖然休假八天，但只有一天可以安排在正常假日，其他七天必須排班在非假日輪休，我很幸運有個體恤我的好老公，將孩子照顧得那麼好。」

「孩子還小的時候，抱怨過媽媽為什麼假日不能休息？每次有活動，都是爸爸帶她參加，曾經被人嘲笑怎麼都跟爸爸在一起、沒有媽媽陪伴？我只能趁休假做個午餐便當送給孩子，讓她知道，媽媽有多麼愛她。為了孩子，我一度想離職，但是跟先生溝通之後，決定帶孩子到工作的地方，讓她親眼看到媽媽的工作環境原來是如此忙碌，她也慢慢理解了。如今，孩子讀護專　年級，在我出門的時候，總會說：『媽媽辛苦了，要小心一點喔！』聽到這樣的話語，感覺好窩心，真的是做死也甘願啦！」

工作的樂趣與成就感，讓林淑媚打算繼續站下去：「這不是一份薪水，而是我的事業、我的人生，我喜歡看到顧客愉快的笑容，自己也感覺很幸福。當年，媽媽告訴我，若是不勤快、不用心，無論什麼工作都不可能成功；現在，我也這樣教導孩子，願她未來跟我一樣，在工作裡找到幸福。」

（採訪撰文：張麗伽，攝影：汪忠信）

超越基因

「三心兩意、精準專業、親和力」

林淑媚的秘訣據說是「三心、兩意」，乍聽令人嚇一大跳，一問之下才發現：三心，是熱心、細心及耐心；兩意，則是努力讓客人滿意，然後才有機會讓業績春風得意。

林淑媚說，要做到三心、兩意，最重要的是享受工作所帶來的快樂：「為錢做事，當一天和尚撞一天鐘，往往流於應付而已，很難展現發自內心的笑容，必定僵硬不自然；為責任做事，或許可以耐風擋寒，時日一久卻難免感覺壓力、倦怠；只有真正將工作當成事業，懷抱熱情、理想，為了自己的興趣而做事，才能全力以赴、天天開心。」

「心，是人生最大的戰場，心念一轉，路就會寬廣。站櫃就是我的事業，沒有所謂『奧客』，無論好不好款待都是貴人，有的直接為我增進業績，有的則間接磨鍊我的能力。遇到一時無法說服的客人，我反而會省思，下次再有類似狀況，該用什麼方法溝通、打動對方？」

因為有心，原本就具備鄉下大姐特質的林淑媚，將「親切第一」的公司宗旨發揮得淋漓盡致，吸引熟客回籠，成為超越別人的重要資產。配合她在華歌爾二十年的專業「精準」目光，瞄一眼就知道尺寸，又能迅速掌握顧客需求，別人賣一件內衣的相同時間，她幾乎可以賣到四、五件，才能成為屢創佳績的達人，寫下內衣銷售界的傳奇。

產業鏈

● 專業內衣設計師
● 專業內衣製造商
● **店長／櫃長等店務管理人**
● 內衣銷售人員
● 其他專櫃／門市／服務人員
● 業務銷售及開發人員
● 行銷企劃
● 商品採購
● 客戶服務人員
● 銷售指導員／教育訓練講師

相關科系

● 廣告／行銷學系
● 行銷管理學系
● 運籌管理／行銷與運籌／運籌與科技管
　理學系學系
● 行銷與服務管理學系
● 設計行銷學系
● 商務與觀光企劃學系
● 企業管理學系
● 工商管理／經營管理／事業經營學系
● 創新與創業管理／產業創新與經營學系
●國際企業與貿易學系

彎腰再躍起，
賣屋也賣信賴

張華雄 Profile

一九六四年生於嘉義縣溪口鄉，信義房屋仲介股份有限公司專案執行協理。畢業於逢甲大學資訊工程系，曾任海外資訊系統工程師，於一九九二年進入信義房屋，一年半即升任店長，個人業績連續二十一年幾乎每個月都突破千萬，亦曾於二〇〇四年獲頒全國第六屆傑出金仲獎經紀人楷模第一名。善於利用系統化和組織化的資訊管理，有效管理、市場分析和制訂銷售方針，並以整套的 SOP 標準作業流程來服務客戶。他帶頭建立的成交交易代號，可說是國內房仲界創舉，至今還保留使用在公司的資訊系統中。

一〇一大樓有著各種不同的面貌，從不同角度觀看，就會有不同的視野，每個人的人生，也有著不同的風貌，就端看自己從什麼角度去看待。就在一〇一大樓對面，信義房屋一〇一旗艦店裡，有一段從中南部到台北打拚、認真用心看待自己的事業，也充滿血淚的人生奮鬥故事，故事的主角就是信義房屋專案執行協理張華雄。

一般人對房屋銷售的印象往往流於浮面，以為只要憑著三寸不爛之舌的「話術」，把房子賣出去，坐享高抽佣的工作，但其實這也是一門相當需要系統化和組織化的工作，張華雄把這兩項工作掌握得相當好，此外，善用同理心，並運用差異化的銷售策略來進行買賣雙方的撮合，應該也是張華雄得以屢屢打破業績紀錄的法門。

出身貧苦造就獨立性格

坐在一〇一對面的辦公室內，初春的暖陽，有種讓人置身於南台灣溫煦暖冬的錯覺，張華雄就是出生於嘉義溪口的鄉下小孩，在五個兄弟姊妹中，排行老么，不過，他並沒有老么常有的驕縱脾氣，反而擁有比一般人更靈活的性格與創意。

張家原本家境不錯，張華雄的阿公唸的是台中一中，是前副總統謝東閔的學弟，並到日本慶應義塾私立大學攻讀法律，返國後擔任「助役」（即副鎮長，日治時期鎮長都由日本人擔任），但後來家道中落，張華雄的父親因感冒未癒導致駝背，按日據時代的規定，殘障是無法繼續升學的，所以國小畢業後，只得在農會擔任雜役工友。所幸張華雄的父親努力自學漢文，打得一手好算盤，公餘也得以在家開設

補習班教珠算，貼補家用，如此勤奮認命的身教，在張華雄心中種下深遠的影響。

看著從一〇一大樓折射而來，穿透落地窗的陽光，回憶起幼時，全家大小辛苦過日的記憶，張華雄眼眶泛紅，「貧窮的小孩沒有悲觀的權利。」

在這樣的家庭成長，張華雄很早就體會到貧窮家庭掙錢度日的辛苦，「我從小就很獨立，國中和高中都在外住宿，一切都自己打理。」張華雄淡淡地說，「父親的工作就是幫農會對帳，因此小時候經常看到父親在昏暗的燈光下，一筆一筆對帳，就怕帳目上少了一塊一角，那個景象真的永遠難忘。」

學生時期便展現出生意頭腦

張華雄在嘉義高中畢業之後，由於成績不理想，在嘉義鋼鐵廠做了兩天的粗活後，選擇北上重考。來到花花世界的台北，張華雄很想闖出一片天，因此嘗試到公館去擺地攤，他回憶說，「擺到那裡都被趕，因為那都有地盤，都要付地盤費，最後只好被趕到最外面的角落。」

擺地攤就得面對警察的驅趕取締，但是有經驗的攤販就用一人塊布鋪著，警察一來，四個角落一抓，然後繩子一拉，整包就帶走了。但是張華雄沒經驗，就用紙箱擺在地上，結果，警察一來，賣的東西都帶不走，就被警察抓回去，做筆錄時，他還拜託警察千萬不要讓父母親知道。

於是，張華雄回到補習班，努力準備重考，最後考上逢甲大學資訊工程學系，張華雄說，「其實我也不知道該唸什麼，只是當時最熱門的就是資訊，所以我就只選資訊工程學系。」在唸大學期間，張華雄並沒有很用心在課業上，反倒是開始動起做生意的腦筋。

他唸大學的時候住在二姐位於台中商專附近的房子，也順便幫忙管理，因此就把多的房間分租給其他學生，總數有七間房，就出租給七個女生。張華雄則在逢甲和市區兩邊跑，當時，他也利用自己資

訊工程的專長，還寫了程式用來管理租屋，甚至還舉辦慶生會、聚會，也因此在唸大學時候，張華雄已經開始自己賺取學費和生活費。

四年之後，大學才剛畢業，張華雄的母親卻因重病不捨拖累家人厭世而去，談起自己因就學，無法親自照料母親，張華雄感嘆說，「母親辛苦一輩子，實在很不值，在應該要好好享福的時候，卻因病離開人世。」這是張華雄心中非常大的遺憾，也是永遠放不下的痛楚。

二十九歲，毅然從資訊業轉行房地產

在服完兵役之後，張華雄又到台北找工作，起初，先到香港商海外資訊擔任系統工程師，很大部分的工作就是到百能工業、掬水軒等傳統產業去安裝電腦軟體，若是碰到安裝發生問題，就會通宵工作，相當辛苦。在資訊業工作沒多久，張華雄興起轉業的念頭，當時他分析了幾個當紅產業，證券、金融、直銷和房地產，張華雄說，「我真的下決心去研究，還跟很多專業人士討論，最後就選了房地產。」

張華雄二十九歲正式轉行，加入信義房屋，並親自面訪他最想去的三家分店店長，結訓以第一志願分發復興店，十個月後晉升主任，隔年就晉升高級主任，並協助該店取得最高業績紀錄。擔任業務工作之餘，張華雄也利用資訊工程的專長，建議公司將市場所有成交資訊輸入電腦，利用系統化和組織化的資訊管理，有效儲存和整理客戶和房地產資料。

不過，就在張華雄事業剛有起步之際，父親因重度中風，健康惡化，如半植物人般地臥躺病床，數年之後驟然離世，張華雄說，「我永遠感謝我的父母親，媽媽沒唸書不識字，從來沒有外出

**不動產
仲介產業**

不動產仲介包括中古房屋與土地買賣、租賃仲介等業務，也可涉及新成屋及預售屋的企劃與銷售，其中，擁有不動產仲介經紀人國家執照者，可從事不動產產權移轉登記及不動產抵押貸款等服務，並從買賣金額中，依法獲取一定比例的服務費。

旅遊，爸爸也辛苦一輩子，但卻沒有機會被兒女好好孝順奉養，希望全天下的子女都能夠及時行孝，孝順要趁早。」

就這樣，張華雄非常努力地拜訪客戶、蒐集房地產資訊、散發傳單、主動詢問客戶買賣意願。他入行一年半就晉升店長，在歷經大台北地區多家分店的店長之後，幾乎創下信義房屋多項單月最高業績、最 top 業務銷售、分區最高年度業績等多項紀錄。張華雄在房屋銷售所創的輝煌紀錄，許多後輩幾乎難以超越。

單件業績衝破千萬紀錄，房仲經理人楷模

二〇〇四年，張華雄獲頒全國第六屆傑出金仲獎經紀人楷模第一名，也多次接受媒體採訪。

張華雄用整套的 SOP 標準作業流程來服務個別客戶，讓信義房屋跟其他房屋仲介不一樣，也便於管理、市場分析和制訂銷售方針。由張華雄所帶頭建立的成交交

易代號，目前還保留在信義房屋的 IBM 電腦系統中，可說是國內房仲界的創舉。

張華雄在二〇一二年更因成交了一筆金額高達近三億元的信義計畫區別墅，打破了單件業績衝破千萬的紀錄。對於這筆引起同業熱烈討論的案例，張華雄說，「這個客戶是經營十年的老客戶，雖然當時沒有成交，但十年來不斷跟這位客戶聯繫，提供房地產訊息，最後才取得客戶的信任，把豪宅的交易放心交給我。」

張華雄為什麼能做得有聲有色？觀察分析他的銷售方式，原因不外乎系統化和組織化的進行客戶和房地產資訊管理，以及差異化的銷售策略，同時善用網路做為行銷工具，張華雄更透過差異化的服務，善用同理心，進而掌握不同客戶的特質。

尤其面對豪宅客戶，事前功課更不能馬虎，這些客戶幾乎都是社會菁英，不乏知名企業的商場老將，不然就是政商名流，張華雄認為，「事前準備非常重要，讓自己談吐很有料」，因此舉凡國際經濟局勢、重要股票投資訊息，抑或人生經驗的

分享，張華雄大多可以侃侃而談，「如果談話內容沒有料，這些政商菁英的客戶，立刻會失去耐心。」

設身處地思考，
區隔不同客戶需求

瞭解對方的需要，體會對方的心境，設身處地替客戶思考，是張華雄另一個貼心的地方。尤其對於某些特別重視隱私的客戶，張華雄告誡新進業務員，千萬不要隨便透露客戶的任何資訊，更不要直接郵寄掛號廣告信到對方家裡，「有些客戶非常忌諱這一點，所以只要收到這些郵件，一定從此拒絕往來。」

把客戶分類區隔，並用不同的銷售方法，來取得顧客的信任，這也是張華雄另一個訣竅。面對豪宅客戶，注重隱私、不想受到過度打擾，因此透過簡訊、郵寄電子郵件或是寫部落格等間接方式，讓客戶接收到豪宅的相關訊息，同時也讓客戶更瞭解自己。

面對一般價位房屋的客戶，張華雄也做足功課，在看屋前，先把房屋的基本資料、格局圖、優缺點分析、環境介紹與周邊地區相關行情，讓客戶對房屋本身的條件和位置一目了然。張華雄用不同的銷售方式去面對不同的買賣雙方，不但把房地產市場予以區隔，也把客戶予以區隔，讓不同需求的客戶，都能得到滿足。

他非常用心經營他的「泰迪熊部落格」，登載了無以計數的網路文章，分享自己的人生和工作心得，從

不動產經紀業管理條例

不動產 指土地、土地定著物或房屋及其可移轉之權利；房屋指成屋、預售屋及其可移轉之權利。

經紀業 指依本條例規定經營仲介或代銷業務之公司或商號。

仲介業務 指從事不動產買賣、互易、租賃之居間或代理業務。

代銷業務 指受起造人或建築業之委託，負責企劃並代理銷售不動產之業務。

經紀人員 指經紀人或經紀營業員。經紀人之職務為執行仲介或代銷業務；經紀營業員之職務為協助經紀人執行仲介或代銷業務。

加盟經營者 經紀業之一方以契約約定使用他方所發展之服務、營運方式、商標或服務標章等，並受其規範或監督。

張華雄的資訊管理術

從事房仲業必須處理大量的物件資料、大量的客戶資料，所謂的「服務品質」，除了態度、口才之外，還是要回到對於供給面與需求面的瞭解。張華雄大學念資訊工程的背景，讓他懂得如何利用電腦來協助自己，但是他也說自己從小就有把東西加以分類整理的習慣，這對於張華雄日後的工作、生活，都提供了很大的幫助。

養成蒐集資訊的習慣，提升選擇的能力

每個人今天的模樣，都是他所做的無數選擇的結果，所以選擇的品質高下，就會影響人生的品質。張華雄認為自己並不善於閱讀，所以他選擇大量聽演講來蒐集資訊，同時，他的工作也會讓他接觸到許多人，從「閱人」中累積智慧。

發展出一套冷靜頭腦的方法，避免受無常與情緒的影響

每個人冷靜頭腦的方法不同，登山健行、聽音樂、閱讀、靜坐冥想或是宗教信仰，都不失為好方法。

練習化繁為簡、分類歸檔的能力

這一點可以從整理自己的桌面、櫥櫃抽屜、家裡環境做起，進而延伸到工作環境，整理電腦裡的檔案。

善用科技，記錄累積知識

網路提供了無垠的資訊，但是也提供了管理資訊的工具。如果覺得 email、聯絡人、簡訊還不夠的話，可以透過個人電子報、blog 來做資訊與知識的管理。

經濟局勢到房地產市場的觀察，甚至與女兒相處的點滴照片影片，除了可當作小孩互動愛與教育題材，同時也有助於客戶多多瞭解他。張華雄說，「買賣房子是人生大事，不管買賣雙方都會非常謹慎小心，我經營部落格的用意，就是在讓我的客戶可以更加瞭解我，瞭解我這個人的一切，這樣我的客戶才可以放心的把買賣房子的大事交給我。」

　　站在人來人往的信義路上，張華雄拿著成疊的 DM，彎著腰，誠懇地遞出一張一張廣告，他憨憨笑著說，「我的起步就是這樣，DM 一張張遞，一隻手一隻手地握，從零開始，展開銷售房屋的工作。」問他會累嗎？年已半百的張華雄回答說，「不會啊！幫客戶及自己找到幸福，怎麼會累呢？」

　　「人要沉得住氣！彎得下腰！抬得起頭！」，「花若盛開，蝴蝶自來。人若精彩，天自安排！」這是張華雄很喜歡的座右銘，面對非常需要耐心與毅力的業務工作，張華雄似乎如魚得水，享受他的工作，也享受著他的人生。

（採訪撰文：鄭任汶，攝影：汪忠信）

看 F1 賽車，也能學管理

對於張華雄來說，學習不僅是一輩子的事，也是時時刻刻的事，他幾乎無時不刻都在觀察周遭環境，並思考可以與自己的工作、人生有什麼關連。就算是看 F1 賽車，他也可以歸納出十四點管理經驗。例如，他看到這麼多選手在賽車場彎彎曲曲的車道上競速，他就體會到「車少又是直路，有何難哉？車多又轉彎，才是真功夫。」在這種狀況下超車致勝，則有三個關鍵：等機會、當機立斷、敢冒險。

看到賽道上發生意外，張華雄體會到「對跑道的熟悉度，決定了成績。」對應到他自己的工作場域，若能熟悉理念、技巧、規則，談案時也可減少糾紛、提升績效。在發生狀況時，也可看出賽車手的修為，沒有經驗的車手會手忙腳亂。就像張華雄看到他這一行的新手碰到糾紛常常不知反省，先怪別人，再怪環境，不但把事情越弄越糟，也破壞了自己與別人的情緒。

超越基因

「系統化和組織化、差異化的深耕養客、善用同理心」

當被問到要給下一代怎樣的建議時,張華雄沉吟了一會兒,「我在高中的時候,就去思考社會上最熱門的科系是什麼?然後我就選那個科系,先挑科系再挑學校,不過,當時也有人是先選學校,因此有很多人選了知名大學的冷門科系,為的就是要進入那個學校。」孰優孰劣?現在往回看,實在難以斷定!通常跟自己的態度,及所選擇的職業有關。像我是讀資訊工程,卻在房地產闖出一片天。

張華雄以現在就讀國三的女兒為例,「她馬上就面臨十二年國教,其實我沒有在看她的成績,我在意的是她的態度,還有她喜歡什麼?畢竟我們從小沒有很多機會去挖掘自己的興趣是什麼?自己的天份是什麼?所以希望女兒可以挖掘她自己的興趣和天分,然後找出她未來喜歡的志業。」

張華雄接著說,最重要的是要有對的「態度」,然後再去選她喜歡的科系,「目前我的想法是這樣,歡喜做,甘願受,你做你喜歡的事情,那才會快樂,快樂是人生的最終追求,你有健康,有財富,你不快樂,那也沒有意義啊!」

另外,健康也是一切的根本,張華雄也勸勉年輕人,「人的一生最終追求就是快樂,即便擁有很多財富,也是要追求快樂,其中,擁有健康的身體是最基本的,因為這樣你才能去玩樂,

產業鏈

- 建築師
- 地產開發商
- 室內設計師
- **不動產仲介經紀人**
- 地政士(土地登記專業代理人)
- 不動產估價師
- 會計人員
- 查帳／審計人員
- 財務分析人員
- 銀行業務人員

相關科系

- 地政學系
- 法律系
- 經營管理學系
- 不動產投資與經營學位學程
- 房地產開發與管理學系
- 企業管理學系
- 財務管理學系
- 計量財務金融學系
- 國際企業學系
- 金融系

去追求自己的人生目標。」

張華雄也說,「因為人生是一張單程車票,不能回頭,當我懂的時候,已經錯失了那個機會,所以我一直教育我的小孩,如果你能夠在十五歲時候就擁有五十歲的智慧,那很多人生的選擇,你就會選擇正確,至於到底要怎麼樣去抉擇?這個智慧就是需要培養的。」當我們面對陽光時,陰影就在後面,但當我們面對陰影,陽光就在我們背後,這就是大自然教我們的智慧!張華雄鼓勵下一代年輕人,不要躲在那個陰暗角落裡,顧影自憐,抱怨都沒人幫助我,年輕人應該用正向的力量去面對自己的人生。

◎ 遊憩與運動學群／餐飲業

從手中掬一抹幸福的
甜點微笑

向瑾君 Profile

阿美族原住民，一九七八年生於花蓮縣，現任花蓮翰品酒店西點主廚。畢業於國立花蓮高級農業職業學校，於半工半讀的過程中接觸烘焙甜點，十八歲自學校畢業後即進入花蓮美崙飯店西點部，由助手開始學習西點，逐步奠定自己後來擔任主廚的堅實基礎。始終堅持對西點的熱愛與不斷的學習熱忱，曾北上任職於台北君悅飯店，返鄉後更於花蓮創立「幸福盒子」烘焙坊。於二〇一〇年受翰品酒店延攬為西點主廚，已與團隊共同開創出許多注入原住民元素的特色西點。

車子彎進花蓮的翰品酒店前，會先被五顏六色的窗戶吸引目光，下了車，遠遠可以看到麵包坊前的排隊人潮。現在是下午三點五十分，再過十分鐘，架上就會擺滿香噴噴的的麵包，開門迎賓。

到五星級飯店排隊買麵包，是花蓮的新風景。創造麵包香的則是翰品酒店西點房主廚向瑾君，說起如何抓住花蓮人的胃，她笑容可掬地說：「時間差。」向瑾君很會抓麵包出爐、包裝的時間，最後交到客人手上的那一刻最好吃，也就是製造麵包與客人的「一期一會」。

甜點，一道完美的微笑 Ending

但這工夫磨了二十多年。六十七年次的向瑾君，擁有一半原住民血統，國二那年父親因病過世後，原住民的母親獨力扶養家中五個小孩。為了減輕家中經濟負擔，向瑾君高一起便半工半讀幫忙家計。第一份工作是在七星潭附近的複合式餐廳「原野牧場」。

「什麼都學，什麼都做。從帶位、倒水、點餐、進廚房烹飪、送餐、結賬都要做，」向瑾君說，餐廳位置偏僻，工讀生不好找，她一個人當三個用，以致常常有客人問：「怎麼都是妳？」但也因此，學到許多要領，年紀輕輕的她，當時不會覺得工作量大，反而不習慣閒下來。

沒什麼客人時，有些服務生會站在一邊發呆，但是向瑾君不會，時時刻刻提醒自己「有第三個人看著妳」，她說，「時時刻刻有人看著自己，評論自己。所以有自覺去做一些事情，讓別人知道我在認真做事。」也是那個階段，向瑾君發現，「為什麼客人吃到最後一道甜點時，才會微笑？」

向瑾君解釋，上甜點之前，廚房是一連串忙碌的過程，直到出最後一道甜點，她看到客人微笑了，「原來對客人來說，甜點是一個完美的 ending。饑餓的緊張狀態解除了，喝咖啡吃甜點，是心情最好的時刻。」

為了這抹微笑，她決定當甜點主廚。「我不善言辭，」向瑾君認為，說話是一門藝術，但做菜卻可以不透過言辭，直接把心意傳達給客人。「人跟人還不認識時，

我的心意透過甜點，直接傳達給客人，從視覺、嗅覺、味覺，客人就理解我的誠意。」向瑾君說，帶她入門的師傅張金和曾警惕她：「甜點長什麼樣子，妳就長什麼樣子。」什麼人就會做出什麼樣的甜點，這句話影響她至今。所以，每次製作甜點時，她都懷抱著「出門見客」的慎重心情，好好為甜點裝扮一番。

事實上，向瑾君看到客人的微笑，也是童年時自己的微笑。她還記得童年時住在阿公、阿嬤家時，那是一棟日式宿舍，她每天下課後回家，在院子裡玩耍，玩得又累又餓時，阿嬤用雙手捏一個白米飯糰遞給她，放在手心上的飯糰熱呼呼，她大咬一口，忍不住露出還沒長齊的牙齒笑了，「真是好吃極了，」向瑾君現在說起白米飯糰還是會笑，只是白米飯撒上鹽巴的飯糰，她卻記得阿嬤疼孫的心情也捏進飯糰裡了。

那時她便感受到料理的神奇，「將食物賦予生命，再交給別人品嚐。原來當廚師是分享快樂、分享溫暖的職業。」向瑾君說。而在下定決心當甜點師傅之後，面臨的問題便是繼續升學？還是進入職場？

用手記憶的甜點
修業之路

向瑾君唸到高三，不想增加家裡經濟負擔，沒有猶豫太久，畢業後放棄升學，直接進入職場，「學習沒有侷限在哪些地方。」她透過師傅介紹，到花蓮美崙飯店的西點部工作，正式開啟甜點修業之路。

不過，這條道路並不平坦，「師傅不會用嘴巴教你，必須要靠自己的眼睛看、動手做，以及開口問。」總是笑嘻嘻的向瑾君說，基層人員工作辛苦、薪水又低，流動量大。「但事實上，各行各業都有服務的對象，人與人之間的摩擦很容易磨掉原始的熱情，若不堅持，就很容易放棄。」

向瑾君說，幸好原住民有「樂觀」的基因，不跟人計較，也永遠保持正向能量。在修業路上，她抱持著「零」的心情，什麼都重新開始學習起，把自己倒空，才能吸收更多。

很多新人會抱怨：「師傅沒

練就餐飲業的基本功

近十年來，觀光旅遊業興盛，投入餐飲業的年輕人越來越多，許多專科和大學都設有餐飲系，但要如何像向瑾君一樣，練就一身扎實功夫，成功當上主廚？向瑾君對年輕學生有幾個建議：

珍惜打工機會
很多飯店或是餐廳都會需要臨時工讀生的時候，比如喜宴或是正式餐會。但是吃喜酒的盤子很重，端一個晚上後，隔天手會抬不起來。但是向謹君認為，這都是餐飲業必經的過程，「有家長會心疼小孩，但是小孩應該要透過打工，學習怎麼端才不會造成手的負擔。」她認為，餐飲業本來就不輕鬆，必須找到方法去適應、學習，也透過打工測試自己究竟喜不喜歡餐飲業。

多實習
包括學校開設的實習餐廳，或是建教合作機會都要積極爭取。向瑾君說，很多年輕人覺得建教合作就是去當打雜的，但事實上，「打雜」是餐飲業的基本功。不會蹲馬步就無法打拳，不懂得打雜，就很難學到餐飲精髓。

所有的挑戰都只是遊戲
向瑾君認為，不管是上司或是客人挑剔、出考題，都要當成是一場遊戲。向瑾君遇過各式各樣的客人，要做華麗的蛋糕，或是有浪漫氣氛的結婚蛋糕，但她不會把客人的要求當負擔，而是一種享受，「客人給你機會，讓你玩樂，」積極接受挑戰，不把這些困難當成阻礙。

講，我怎麼知道如何做？」「沒有食譜，我不知道分量。」「師傅沒教我。」但是，向瑾君每天花許多時間自己試味道，才能把嚐過的味道進行組合，「沒有所謂下班時間，每件事情就是做到會為止。」

有一回，她負責擠泡芙，擠了好幾顆，但師傅只淡淡看了一眼，就說：「全部丟掉，重做。」向瑾君非常吃驚，這麼努力，居然一個都沒過關？讓她非常挫折。

久了之後向瑾君才明白，對師傅來說，用嘴巴說出口、指導徒弟，不如讓徒弟自己摸索，熟悉手感。向瑾君解釋，「身體的記憶比腦袋牢靠，」身體記住手的動作，一輩子都不會忘記，廚藝也會越來越流暢。當然，她也曾經看著師傅照做，卻一直失敗，只好靠自己不厭其煩的重複、重複、再重複，堅持到最後成功的那一刻。

「在學校學習，跟在職場學習，差別很大，」向瑾君說，在學校，老師會把所有東西都準備好，學生有一個平靜的學習環境，好教室、好設備、寫好的食譜，以及老師一個動作、一個動作示範。

但在職場，起初要先了解環境，比如學會辨識食材：領貨、抬貨、排貨。有些大學畢業生到了職場會問：「我大學畢業為何要搬麵粉？」「為什麼新的罐頭買來後，要先把舊罐頭下架，把新罐頭塞到最裡面，再放上舊罐頭？不是多此一舉嗎？」向瑾君說，她也曾經有這些疑惑，「但是不經歷這些基本

功，學不到食材的容積、食材的保存期限、食品的分類，學廚藝不只是學廚藝，還要學會管理自己的冰箱與廚房。」

開拓烘焙的視野與實戰歷練

在美侖飯店做得越來越順手後，她開始萌生北上闖一闖的心情。向瑾君認為，花蓮是淳樸的地方，若沒有人要求，很容易停滯不前。尤其，在美侖飯店工作時，常遇到從台北來花蓮工作的師傅，講一些聽不懂的甜點，比如「聖誕布丁」、「馬卡龍」之類的甜點，她在花蓮沒看過，更沒吃過。北上到君悅飯店點心房工作的經驗，開拓了國際視野，歷練幾年後，淳樸的她想念花蓮的風光明媚，才決定返鄉創業。

在二十七歲那年，向瑾君在花蓮自行創業「幸福盒子」烘焙坊，以客製化造型蛋糕在網購與宅配市場搶下商機，五年的創業磨練，讓她提升了研發技術，以及管

甜點主廚的
一天

06:30　開始作麵包囉

09:00　著裝：換制服

09:30　整隊：檢查團隊服裝儀容、環境清
　　　　潔，檢查食材狀況、新鮮度，確定今
　　　　日訂單、賣櫃產品替換

11:00　甜點出爐：配合午餐出品甜點

12:30　檢查原物料庫存

13:00　採購溝通

13:30　開會、開工作清單並分配工作

理實戰經驗。

「老闆和員工思考的角度不同。當員工時，永遠抱怨薪水不夠多、假期不夠多。當老闆時，就會思考要怎麼賺更多的利潤，怎麼經營品牌。」向瑾君說，雖然這五年創業時間很幸福，但她也理解到一個人只有兩隻手，無法做出很多的產品，她需要團隊的支持。因此四年前，當翰品酒店對向瑾君提出邀約，她便毅然投入，開創新的點心房。

走了二十幾年的烘焙路，現在已經是獨當一面、擔任管理職的主廚向瑾君一輩子都在職場上學習，她認為，「單純的執著」是工作疲憊時的靠山。即使在職場上揹黑鍋、受委屈，她也不以為意，「把揹黑鍋當作做人情，」她說，曾經有被前輩誣賴的情況，她當下不反駁，默默吞下。但事後，前輩對她心有愧疚，反而教她更多事情。

「得失之間，很難計算，」向瑾君說，「不要怕揹一個黑鍋就會在職場上黑掉，要想辦法紅回來。有些人怕出錯，出一個小錯要拼命解釋，還要籠絡長官、同事，活得很辛苦。」她對自己很有自信，不會因為揹一個小黑鍋，而失去自己的舞台，「靠

14:30	備料
16:00	手感麵包開賣
17:00	甜點出爐：配合晚餐出品甜點
18:00	準備專案、迎賓點心
19:00	烘焙 DIY 教學
19:30	與客人互動、同仁問題討論
20:30	撤餐，確認隔天工作清單，環境清潔
21:30	客製化甜品製作或研發新甜品
23:30	上床睡覺

自己的實力見真章，單純才有力量。」這種正向能量，讓向瑾君一路上不患得患失，更不害怕失敗，才會勇於嘗試。

樂在其中，為自己寫下人生故事

向瑾君從小和父親很親近，但父親過世後，她認知到自己該獨立自主。她說，

小時候常聽阿嬤講別人的故事，即使是鄰居三姑六婆的嘴裡，也一直流傳別人的故事。長大後會警惕自己，自己也會變成別人口中的故事，「那麼，要怎麼為自己寫故事？」

「人生每一個階段都有 close 的時候，學校唸書、畢業、當兵、就業，每到一個定點的時候，都要停下腳步想一想，下一步要往哪裡去？哪一個地方可以讓自己樂在其中？很多人懵懵懂懂到三、四十歲，回頭一望，人生一片空白，」向瑾君說，「或許在臉書上有很多打卡，去過哪裡吃東西、拍了很多照片，但是回顧一年下來，你有沒有深刻的做了什麼？或為了別人做過什麼？」

向瑾君說這話的時候，很像眼前她端出來的「剝皮辣椒巧

克力塔」，甜中帶辣。她認為，不管每個階段做出什麼抉擇，都要樂在其中，享受前進的過程，不要太過侷限自己。

之外，向瑾君不只是自我實現，她也是一個熱心公益的人。只要翰品酒店和家扶中心合作，希望提供小朋友餐盒，或是和門諾醫院合作，關懷獨居老人，她就會提供點心房的麵包、甜點，盡量製作出符合小朋友和老人的口味。

有時候，因為在地關懷，加上她本身也是原住民，她便開始研發原住民風格的西點烘焙。「其實原住民沒有所謂的甜點，」向瑾君笑說，她本身雖然熱愛甜食，但是原住民的點心是沒有味道的米製品，「沒有甜味，一點糖粉都沒有。」

那麼，要如何把原住民元素注入？她竟然想到鹹豬肉、小米酒，還有剝皮辣椒！「彩椒鹹豬肉蛋塔」、「剝皮辣椒巧克力塔」，以及「小米酒釀布蕾」，讓嚐過的人印象深刻，難以忘懷，尤其「彩椒鹹豬肉蛋塔」可說是台版鹹派，鹹豬肉和蛋塔配得剛剛好。

向瑾君的最終目標是達到「客製化的服務」，就像電視節目「主廚來我家」那樣，冰箱打開，裡面有紅蘿蔔、芹菜、蛋，就可以變出一桌料理。她說，這種帶給人「驚喜」的廚師，是人生最終的目標。「期許自己可以隨時隨地，用我的技術分享好吃的甜點，把快樂分享給更多人。」她說話的時候，眼睛閃著光芒，彷彿叮以看到不遠的未來。

（採訪撰文：蕭麗英，攝影：汪忠信）

超越基因

「不怕失敗、不自我設限、保持熱情」

「很多東西都是從失敗中創造出來，」向瑾君說，現在很夯的半熟蛋糕，事實上它是蛋糕沒烤熟的失敗品，但卻變成大家喜歡吃的蛋糕。因此，年輕人不要設限自己，不要害怕失敗。比如蛋糕烤失敗了，那加點起司變焗烤，念頭轉一下，讓失敗的蛋糕變成另一種有趣的好吃的食物。

現在她面試年輕人時，總會問：「你有興趣嗎？」很多人在學習烘焙期間，對這行業有很高的想像，尤其在學校上課時很愉快，像玩遊戲一樣，但真正進入職場後，挫折感比其他行業更大。所以保持熱情是很重要的支撐力，否則如何扭轉挫敗？

也有許多人應徵工作時，直接對向瑾君說：「我想上晚班」、「我只想學西點」、「我想做麵包」。碰到這種狀況，向瑾君直接就「謝謝，再聯絡！」不會給對方機會了。

向瑾君說，把自己設限住，就會喪失很多機會，因為廚房的工作都會輪調，「身體的記憶若熟悉，腦袋就會饑餓，」所以必須每隔一段時間改變工作項目。年輕人還在學習階段，就限制自己只想學蛋糕或學麵包，反而很可惜。

「對烘焙的印象，若是微笑著講，不管給這個人什麼工作分量，他會愉快的承受。有熱誠的人，就會積極學習。」這是向瑾君對新人的要求，也是她一路走來的心得：「單純執著的人，會默默累積自己的經驗和成就感，也才有機會跟別人分享自己的快樂。」

產業鏈

- 餐飲服務生
- 門市／店員／專櫃人員
- 作業員／包裝員
- 餐廚助手
- **西點／蛋糕師**
- 西餐廚師
- 飯店工作人員
- 麵包師
- 調酒師／吧台人員
- 飯店或餐廳主管

相關科系

- 餐旅管理學系
- 餐飲管理學系
- 旅館管理學系
- 烘焙管理學系
- 中餐廚藝系
- 餐旅暨會展行銷管理學系
- 西餐廚藝系
- 餐飲廚藝系
- 健康餐飲暨產業管理學系
- 廚藝學系

不斷精進的
內野棒球天使

馮勝賢 Profile

一九七五年生於台北市，義大職棒隊一軍內野教練。由台灣體院畢業後，於二〇〇六年自輔仁大學運動科學研究所畢業，為台灣以現役職棒球員身分取得碩士學位的第一人。由於早產出生，幼時曾有嚴重肢體障礙，直到五歲才能走路，克服身體挫折，成為棒球國手，並於二〇〇〇年獲選職棒年度新人王，曾獲四次金手套獎，並擁有職棒史上新人連續出賽排名第一的鐵人紀錄，自二〇〇七年後轉任教練。同時也擔任早產兒基金會代言人，多年來持續投入相關愛心募款活動。

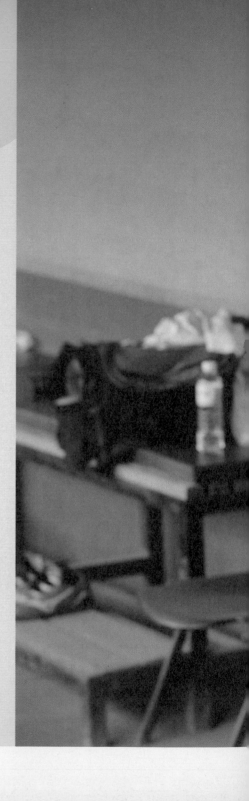

坐在澄清湖棒球場本壘後方休息室，可以看到球員的汗水灑在紅土上，再遠一點則是綠油油的外野草皮。義大犀牛隊守備教練馮勝賢專注看著內野球員的動作，在夾雜著草皮香味、手套皮革氣味與木棒擊球的清脆響聲之間，有一段不尋常的人生奮鬥故事。

連走路都有困難的肢障早產兒

約四十年前，馮勝賢的父親從台中北上，在台北從事鋪設高速公路電纜的工作，而母親則負責幫工人煮飯，就在懷孕七個多月，一天在廚房忙完，突然暈倒，被鄰居發現，趕緊送往婦產科急救，馮勝賢就這樣來到人世。這個不到一千公克、

全身發紫的早產兒，醫師數度發出病危通知，但是這個孱弱的嬰兒有著超乎常人的求生意志，終於活了下來。

當時的馮家住在台北市潮州街，馮勝賢還有個哥哥，就這樣，一家四口在台北市租屋，而馮勝賢到了七個多月大，還無法像其他嬰兒一樣開始爬行，父母求醫之後才發現，早產與發育不全導致馮勝賢的雙腿嚴重變形，爬行時髖關節外翻，雙腿沒有支撐點，腳掌是成內八平行，因此幾乎無法爬行。

「怎麼會這樣？」父母心急如焚，四處求醫，醫師告知一定要穿鐵鞋矯正，否則以後無法走路，全家聽到的時候有如五雷轟頂，當時

（約民國六十五年）一雙鐵鞋就要一萬塊，這樣的價格幾乎可以在郊區買下一間還不錯的房子。

家裡好不容易湊出錢來，這雙矯正鐵鞋陪伴著馮勝賢，直到五歲，「不管到哪裡，記憶中都是用爬的。」由於必須隨著腿部的成長慢慢調整鐵鞋角度，回憶起這段過往，馮勝賢眼角泛淚，「真的很痛、很痛，但不穿又不行。」而這也造成心裡對走路的恐懼，「後來，在脫掉鐵鞋之後，還是有點害怕，害怕只要跨出去一步，我就會跌倒。」

這個忙著照顧鐵鞋兒童的家庭，竟然遭逢另一次巨變。馮勝賢的父親因急事返回台中，但是他所搭的柴油野雞車發生五死一傷的嚴重車禍，而馮勝賢的父親就此告別人世。

馮勝賢的母親只好帶著兩個小孩，搬回台中霧峰跟阿公、阿嬤住，希望有個照料。在經濟壓力之下，馮勝賢的母親出外租屋，從事美髮工作，而馮勝賢和哥哥也就成了隔代教養的單親兒童。

馮勝賢回憶起這一段祖孫共住的日子，心中五味雜陳，淚水在眼眶打轉，他回憶說，「阿嬤疼孫，因為會痛，捨不得讓我穿鐵鞋。」不過，當馮勝賢的母親返家看到如此情況，只好嚴厲斥責，「如果不給阿賢穿鐵鞋，就是在害他，那他的人生就會烏有。」

這雙鐵鞋，就成為陪伴馮勝賢幼年成長最深刻的記憶，他語帶哽咽地說，後來每次見到親戚，親戚都會指指點點，「原來你就是那個穿鐵鞋的小孩。」在那段童年歲月，馮勝賢幾乎沒有任何歡樂愉快

早產兒基金會

在台灣，平均每年有近二十萬名新生兒，其中早產兒的比例佔百分之八至十，所以每年有接近兩萬多名早產兒。但只要有完整的醫療照顧，早產兒的存活率很高。馬偕紀念醫院及民間企業團體於民國八十一年元月，共同發起成立「中華民國早產兒基金會」，協助早產兒家庭度過這段艱難的歷程；同時也藉由各種活動，推廣正確的觀念與知識，以防早產的發生。

馮勝賢從二○○四年起成為早產兒基金會終身志工，參與基金會的募款與代言。

的記憶，好不容易進了小學，心中期待著一個正常的成長環境，但對於這樣的小孩來說，小學則是另一個充滿折磨和辛酸歲月的所在。

一個曾經被球隊放棄的棒球員

馮勝賢的阿公受日本教育，也算當地的仕紳，靠著一點點積蓄，還足以把幾個孫子養大。不過，生活仍然清苦，阿嬤也在家裡種香菇，補貼家用，幾個孫子下課之後，加上兩位堂哥，就幫忙砍柴、生火、打掃等生活瑣事。

此時的馮勝賢已經開始走路，但是姿勢怪異，動作也非常緩慢，當玩伴們在玩躲避球時，他就負責撿球，「別說什麼運動天分了，我連走路都有問題！」對於棒球的記憶，馮勝賢說，「當時我根本不知道有什麼棒球？只知道玩躲避球，然後就是被使喚說，賢仔，你去撿球。」

小學一開學，「別人是爸爸媽媽帶，我是阿公阿嬤帶」，馮勝賢說，「阿公帶我去學校，就是叫我坐著，交代我要好好聽老師的話，然後人就走了，別人就會問我，『你怎麼了？你都沒有爸爸媽媽嗎？』」馮勝賢感到自卑，每天上學就低著頭，也不敢面對同學異樣的眼光，「我經常被老師罵，只好從早自習到下午，一整天都躲在課桌下，都不出來，也不想跟同學講話。」

馮勝賢回憶說，「我被欺負、被糟蹋的經驗很多啦！最常聽到同學笑我是一個沒有爸爸媽媽的小孩，再加上，我頭又大，身體小，走路姿勢怪，又很慢，長的又像怪胎，還有同學笑我是 E.T.（外星人）。」這樣的童年記憶相當難堪，「我根本無法還擊，因為已經很自卑，更被排擠了，根本就無法還擊。」

於是，馮勝賢個性變得很倔強，在課業學習上也屢屢受挫，幾次學校通知阿公，「這樣結果就是討一頓打」，馮勝賢開始對學習有所恐懼，甚至連筆都不想提，功課也一落千丈。

棒球，就在馮勝賢就讀僑榮國小三年級升四年級時，因緣際會走進他的生命。當時，馮勝賢母親在美髮店工作，剛拿到一九八五年全國冠軍的太平國小棒球隊經理到店裡剪髮，問馮勝賢的母親要不要讓小孩去打棒球？後來，母親就問了兄弟倆

的意願，馮勝賢一聽就立刻回問，「那去打棒球，就可以搬去跟媽媽住嗎？」

　　就這樣，馮勝賢成為鍾重彩教練領軍下太平國小棒球隊的一員，但由於距離遙遠，又曾經在上學途中，騎腳踏車發生車禍，為了安全起見，只好住校，馮勝賢說，「我去半年，就開始後悔了，因為根本就沒有跟媽媽住，就跟 三、四個同學一起住在學校宿舍裡面。」

　　當時的太平國小是全國數一數二的強隊，不過，馮勝賢的體型和條件實在不夠優異，因此「就算拿到全國冠軍，但我從來沒有下場，我都在撿球」，馮勝賢說，「小五的時候，我本來要放棄，因為單親，遭到其他家長的反對，再加上許多隊友的父母都在幫球隊做事，礙於人情壓力，我也無法正式成為國手。」

　　早熟的馮勝賢，被迫提早接受社會的現實面，幾番轉折之後，馮勝賢開始慢慢有上場的機會，但因為球隊教練更換，又淪為撿球的角色，「那就不要打了」，不過，當馮勝賢跟教練退隊要求時，這位球隊的經理冷冷地說，「好啊！如果不要

打，那就把這三年總共二十幾萬的伙食費都還回來，叫你媽媽賠這筆錢。」

　　這筆錢實在不是小數目，馮勝賢只好留在球隊，但身材太矮小，跑得又慢，協調性又不好，即便球隊到威廉波特去打世界冠軍，但馮勝賢依然是「撿球多於練球」，於是，他開始慢慢排斥練球，也沉迷在打彈珠台、任天堂電玩上，「寧願在電動玩具店，看別人玩電動，也不願意去練球，因為去練球也是被嘲笑啊！那就逃避吧！」

「每天在球場上，衣服就一定要是黑的。」

　　到了小學畢業，屏東美和中學國中部提供全額獎學金，馮勝賢被排除在名單之

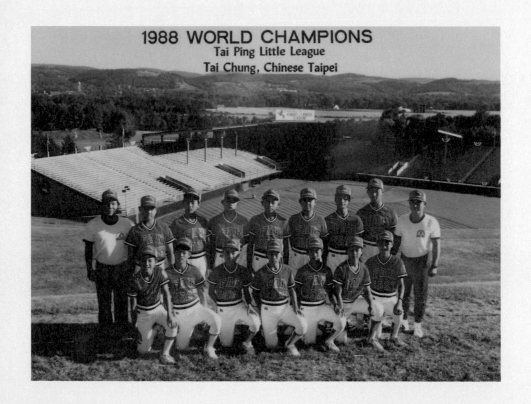

外，在母親的苦苦哀求之下，美和勉強答應讓馮勝賢入學就讀，但必須自費。

私立國中學費龐大，馮勝賢回憶說，剛報到時，別人都是家長陪同，只有他隻身南下，一報到，手上就拿到一堆的帳單，「剛開學，我身上只有五百元，根本都不夠。」

進入國中，馮勝賢體型依然不好，一年級也只能做些油漆、撿球、幫忙洗衣服的雜物，根本連球都不能摸。不只是在球場上不得意，在課堂上的學習也充滿挫折感和失落感，馮勝賢說，「從小學進棒球隊，根本沒有讀到書，好像都沒有正式上到一門課，在教室裡，因為自卑就躲在桌子下，又因為參加棒球隊，課堂上的老師經常告誡，棒球隊的同學不要吵就好了，睡覺都沒關係。」

馮勝賢感嘆說，「當時自己的心態很不正確，打球和課業不好，又一直在惡性循環，因此人緣也不好。」直到要升國中三年級了，馮勝賢慢慢體會到，不能再這樣浪費時間，因此就在那一年的暑假，馮勝賢開始進行自我訓練，努力跑步、練習，要求自己「每天在球場上，衣服就一定要是黑的。」

到了國三，馮勝賢已經長到一百七十八公分，也成為正式選手，更在春季聯賽中，擊出棒球生涯的第　支全壘打。不過，馮勝賢的棒球生涯並沒因此就一帆風順，後來，因為比賽年齡的限制，再加上教練刻意培養未來的選手，因此即便當選兩次國手，但幾乎都沒有下場的機會，馮勝賢說，「出國比賽，嚴格來說，我根本不是球員，只能算是球隊的陪練員（吉祥物）。」

一球漏接，棒球生涯的轉捩

美和高中畢業後，馮勝賢選擇回到台中就讀台灣體育學院，進入大學就讀，這個選擇竟然讓馮勝賢對課業學習有了極大的轉變，他說，「從小到大都在打棒球，根本沒有接觸正規的課業，國文、英文，什麼都不會。」不過，進入大學之後，開啟了馮勝賢的學習視野，也啟發了他對唸書的興趣。

馮勝賢回憶說，「教運動生理學的陳定雄是很有名的教授，我對這個科目非常有興趣，也很努力學習，那一學期我得到六十四分，而全班最高也只有六十八分。」

足球選手出身的陳定雄非常瞭解體育選手的狀況，因此特別注重體育選手在課堂上的態度，「雖然前面的時間浪費掉了，但我現在已經唸了體育系，就要開始認真學習，我告訴自己，重新開始，一定要專心研究這個體育主修。」

運動心理學也是啟發馮勝賢很重要的一個科目，馮勝賢說，「上這堂課時，覺得非常有興趣，因為那是研究運動員的心理層面，有很多在球場上遇到的情況，訓練、比賽時的身心狀況，課堂上都有很多討論，研究這些之後，覺得很開心，因為這是以前從來沒有看過的。」

在台灣體院讀大學期間，馮勝賢多次入選國家隊，幾乎有整整兩年的時間都在左訓中心度過，也受到國內棒壇矚目。中華隊曾經拿到一九九二年巴塞隆納奧運銀牌，但一九九六年沒打進亞特蘭大奧運，全國棒球迷非常期待中華隊可以打進二〇〇〇年的雪梨奧運，而馮勝賢也入選了第二十屆亞錦賽國手，但一九九九年這場攸關奧運資格的賽事，卻幾乎成了影響馮勝賢棒球生涯的轉捩點。

在對日本的比賽中，因隊友許聖杰受傷，因此臨時上場擔任三壘手，雖然在比賽中，打下追平分，但在最關鍵的九局下半，一個原本可以輕鬆接殺的內野高飛球，因強風造成移位錯誤，馮勝賢眼睜睜看著球從手套旁邊掉下來，後來，日本隊因此得以繼續比賽，最後以再見安打結束賽事。

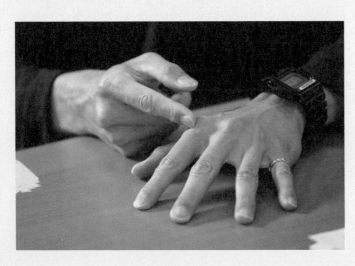

回憶起當時，當看到報章雜誌和球迷的批評聲浪，「馮勝賢大漏接，日本偷走勝果」的新聞標題斗大醒目，馮勝賢說，「我連自己都無法原諒自己，當下腦海裡完全空白，林華韋總教練當場把我換下來，我就坐在休息室裡，腦

海中不斷回想，是怎麼漏掉那顆球？一直想、一直想，直到球隊被逆轉了。」

面對被稱為夢幻二隊的隊友、投手們，「我一直哭，比賽結束之後，也一直哭到飯店去。雖然林華韋老師安慰、鼓勵馮勝賢，但是他當時聽不進去，整整哭了三天。那一次也是馮勝賢帶著媽媽第一次去國外看比賽，面對親友團的質疑，「那個就是馮勝賢的媽媽，就是她兒子漏接的」，馮勝賢覺得非常對不起媽媽，但事實已經無法挽回。

馮勝賢回憶說，「當時的人生原本充滿掌聲，但人生就是這樣，就那一次的漏接，然後什麼都沒有了，所有的努力都白費了，全台灣都認為，就是你，因為這個漏接，所以輸掉了。」甚至還有媒體記者當面指責，「你這小子搞什麼東西，這球這麼簡單也漏接！」

在那次的賽事裡，馮勝賢再也沒有上場，甚至對自己的未來都產生疑問，心裡更有退縮、放棄的負面想法。從此之後，馮勝

馮勝賢
經歷年表

- 台中市太平國小少棒隊（一九八八年第四十二屆威廉波特少棒賽中華代表隊）
- 屏東縣美和中學青少棒隊（一九九一年第三十一屆奇士美青少棒賽中華代表隊）
- 屏東縣美和中學青棒隊
- 台灣體院棒球隊（一九九五年第十八屆世界大學運動會中華代表隊、一九九六年甲組成棒秋季聯賽富邦公牛棒球隊、一九九七年第十九屆亞洲棒球錦標賽中華成棒代表隊）
- 陸光棒球隊
- 一九九九年第二十屆亞洲棒球錦標賽中華成棒代表隊
- 中華職棒兄弟象隊（一九九九～二〇〇七年）
- 中華職棒兄弟象隊二軍守備教練（二〇〇七～二〇〇八年）
- 中華職棒兄弟象隊二軍總教練（二〇〇九年）
- 中華職棒兄弟象隊守備教練（二〇〇九～二〇一二年）
- 中華職棒兄弟象隊二軍總教練（二〇一二年）
- 兄弟象棒球成棒營總教練（二〇一二年）
- 中華職棒義大犀牛隊內野教練（二〇一三年）
- 中華職棒義大犀牛隊代理總教練（二〇一三年）

賢就再也沒有入選過國手，而加入兄弟象，成為中華職棒的一員。

通往職棒生涯的另一扇門

面對人生重大的挫折，馮勝賢有很多的感慨，他也很想告訴新一代的選手，當遇到困難時，當下一定很難過，但「一定要冷靜下來，告訴自己，先把讓自己害怕的東西寫起來，進一步去思考，你怕什麼？當你怕的時候，你什麼都做不到，而當你知道你怕的時候，反而要直接面對問題的核心，思考著要怎樣去超越？」馮勝賢說，「不要害怕人生沒有舞台，當這一扇門關起來的時候，另外一扇門就會打開。」

一九九九年的九二一大地震，馮勝賢就是在那一天跟兄弟象報到，報到之後就立刻去協助募款與救災。在馮勝賢加入職棒之後，兄弟象的內野陣容更加完整，馮勝賢擔任游擊手，表現漸趨穩定。隔年，馮勝賢順利奪下年度新人王。後來改為鎮守二壘大關的他，更在二〇〇二年與游擊手陳瑞振共同拿下金手套獎。

回顧職棒生涯，馮勝賢總共拿下過四次金手套獎，擁有職棒史上新人連續出

賽排名第一的鐵人紀錄，並成為中華職棒完成生涯百盜的第十人，也拿過四次季冠軍，並參與了兄弟象連續三年拿下的輝煌歷史。在二○○七年後轉任二軍內野教練，二○一○年總冠軍一軍內野教練，二○一二年轉任二軍總教練，並在二○一二年帶領兄弟二軍，拿下職棒二軍總冠軍。直到二○一二年，離開待了十四年的兄弟象，而轉任義大犀牛隊的內野守備教練。

超越自我的運動精神

　　在職棒選手期間，馮勝賢報考輔仁大學運動科學研究所碩士班，創下第一位現役職棒球員拿到碩士學位的紀錄。馮勝賢雖然沒考上體育大學博士班，但他自認「可以繼續走這一條路，因為我在去跟基層棒球選手、家長分享的時候，告訴他們，必須思考小朋友打棒球的目的是什麼？是當土建民？是當郭泓志嗎？還是打球的目的，其實就是要讓自己在人生的道路上保有競爭力？」

　　馮勝賢強調，他持續到基層去當棒球志工，就是想推動運動精神，而這種精神就是一種可以運用在所有層面的態度，更希望運動選手也可以認真讀書，「讀書的目的，就是是要把思維變更快、更寬廣，而當你在運動場上要被淘汰時，還可以在社會保有

競爭力。」

　　馮勝賢說，「我沒有那麼偉大到要改變環境，我只是做自己想做的事情，這樣做才可以超越我自己，也希望這個環境重新思考，那些在追逐棒球夢的過程中，被淘汰的那些人現在在做什麼？我們希望可以用一種經營產業的模式，去培養棒球選手的多重價值，不只在球場，運動員的精神可以在社會每一個角落成長茁壯，去帶領那些不是運動選手的人，就跟運動選手一樣勇敢的去超越自我。」

　　在兒子出生的那一天，馮勝賢也開始思考著自己的人生規劃，頻頻問自己，「職棒還可以打多久？」其實當時他已經連續出賽五百五十六場，至今，這是中華職棒史上排名第二的連續出賽記錄，但馮勝賢並不覺得這個紀錄那麼重要，因為「我的人生不只在職棒球場上，我相信，只要維持我的專業，不要去做不專業的事情，人生依然還有很多層面值得去研究、去實踐。」

　　馮勝賢時常勉勵自己，「以後我要去選擇環境，而不是讓環境來選擇我」，因此，他建議年輕人，不管你做什麼事情，一定要夠專業，不要做那種被取代性高的工作，要做那種「沒有你就不可以」的工作，馮勝賢說，「你要試著去想，當作專業

的事情的時候，那時，大家都會需要我，而不是我需要別人，而這就是往上提升的力量。」

從付出中，學會更勇於面對自己

過去十年，馮勝賢以志工的身份為早產兒基金會出力，「其實我自己收穫也很多，因為藉著當志工，我開始面對自己的灰色地帶，面對自己的自卑、逃避，對人的不尊重，自己個性的不圓融，自己很差的人際關係。」在過程中馮勝賢也體會到，施比受更有福，「我常跟太太討論，做這件事讓我得到的比我付出的更多，更得到心靈的洗滌，也讓自己更勇敢的去面對心裡黑色的地帶，在懂得付出之後，人際關係也變得更好。」付出往往會得到更多，因此馮勝賢學著不再去想別人對他回饋什麼，而是想著，自己可以付出什麼，「只要看到別人臉上開開心心的，那我就很滿足了。」

在幫早產兒基金會募款時，馮勝賢經常碰壁，對方常說，「你就好好打球就好了，不要管這些事情」，但馮勝賢認為，這個過程也是讓自己學習到對於許多挫折的耐受力，當慢慢開始的時候，就會逐漸得到大家的認同，然後就會開始有好的結果出現。

從二〇〇四年開始，至今十年了，當被問到是怎樣的信念可以讓他堅持到現在？馮勝賢想了想，回說，「我的母親一直告訴我，雖然我們是單親家庭，但我們不要成為社會上的負擔，造成社會問題。」

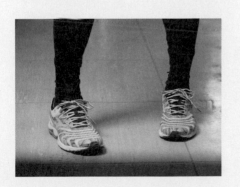

這個因母親跌倒，意外提早來到人世的「紫寶寶」，從穿著鐵鞋，當選國手，到加入兄弟棒球隊，成為職棒的鐵人。他超越了先天條件的不足，成為內野的天使，沒讓自己成為社會問題，更幫社會解決了不少的社會問題。

（採訪撰文：鄭任汶，攝影：許育愷）

超越基因

「團隊合作的運動員精神、拼戰到底的人生態度、
面對輸贏的正確態度」

如果未來想從事運動競技或相關產業的人，馮勝賢怎麼看呢？「我現在在做棒球志工的工作，就是要突破整個大家的觀念，打棒球不是絕對的，我們的思考應該跟國外接軌，運動選手不但會打球，更會讀書，這才是運動選手的最高境界。」這就是學以致用，實務與理論缺一不可，馮勝賢強調，「因為會讀書又會打球，就會去思考技術面的原理，那是相輔相成的。」

馮勝賢認為自己是從體育的體制出來的，他更希望學生打棒球「並不是因為爸媽叫你去的，而是你自己打棒球的目的要很清楚。」這套思維，馮勝賢也用在自己兒子的身上，「希望我兒子透過讀書，學習會表達、會思考，也會跟教練討論，為什麼要這樣打？又為什麼要這樣投？這背後有沒有什麼道理？」

當學生在課堂上學習，他就會思考，為什麼這樣投球？為什麼要這樣揮棒？當一個體育選手開始主動問為什麼？那就代表就是會思考，因此馮勝賢經常跟喜愛打棒球的小朋友或年輕選手分享，「你們一定要讀書，讀書不是要讀很好，讀書的目的是要培養你創造另外一個價值，同時可以把在球場上的態度，轉變或運用在其他專長上，而且，當你要做某一件事，有規劃、有思考、有討論，也有改進，之

產業鏈

後就會有所成長。」

「當大家討論為什麼運動選手的壽命這麼短？其實我們應該思考的是，為什麼我們讓運動選手的壽命那麼短？」馮勝賢希望可以藉由透過運動環境的提升，讓運動選手在球場上拼戰、學習、思考的精神，可以運用在很多方面，「棒球只是人生的一個區塊，我們可以用打棒球的精神當作面對往後人生的一種態度，這就是精神，尤其運動員那種不斷精進的精神要被帶出來。」

選手在運動場上不斷挑戰自己，馮勝賢認為重要的是，「比賽一定有輸贏，但運動的價值不在於區分輸贏，而是在於當你輸的時候，你用什麼態度去面對自己。」

馮勝賢認為，「運動的價值，其實不是在於輸贏，而是在團隊合作，一起去創造價值，因此彼此的認同很重要，在大家力量互相結合之後，力量才很大，如此正向的力量，也才會影響更多人。」

● 職業選手
● **體育教師或教練**
● 體育記者、主播
● 專業球評
● 體育頻道工作人員
● 職業球團工作人員
● 運動經紀公司
● 運動賽事活動企劃人員
● 休閒運動指導員
● 防護員

相關科系

● 體育系
● 球類運動學系
● 競技運動學系
● 休閒事業學系
● 休閒運動管理學系
● 休閒運動保健學系
● 體育推廣學系
● 運動醫學系
● 運動資訊傳播學系
● 運動教練研究所

第一冊達人動態牆

1. **陳榮凱（台大數學系教授、中華民國數學會理事長）【數學達人】**

   身為代數幾何學家，長期致力於數學教學的推廣。近年來在台大教授微積分，廣受學生喜愛，甚至有學生為他創立了粉絲專頁！陳教授於二〇一四年九月在台大舉辦國際性的代數幾何學交流活動，邀請二十多位來自世界各國的代數幾何學專家共同討論，期待可以激盪出更燦爛的數學火花！

2. **蔡秀男（高雄市聯合醫院泌尿科主治醫師、台灣醫療勞動正義與病人安全促進聯盟發起人、台大法律研究所博士生）【醫療達人】**

   長期鼓吹台灣醫療勞動正義，希望藉此改善病患就醫品質與醫病關係。蔡醫師於二〇一四年六月出版了新書《99%醫療糾紛都是可以避免的》，藉由分享個人調解醫療糾紛之經驗，提供醫生、病人、法律從業人員的參考依據，期望創造三贏的局面。此外，蔡醫師所主持的臉書社團「A Nan MOSTA 阿男醫師的磨思塔」，持續分享他從事醫療工作的心得，以及推廣醫療勞動改善的資訊，歡迎上網搜尋進一步了解。

3. **柯德義（福爾摩沙養殖場負責人）【養殖達人】**

   堅持提供讓消費者吃得安心又健康的產品，透過產銷履歷，讓他所養殖的魚貨受到了市場消費者的肯定，即使魚市行情不好，柯德義的魚貨價格仍能逆勢上漲，出貨也供不應求。此外，他也受邀拍攝「草地狀元」節目傳達更多安心養殖的理念。

4. **賴青松（穀東俱樂部創辦人）【稻米達人】**

   引進日本的「預購後耕作，併行產地直銷」營運模式聲名遠播，賴青松先生於二〇一四年四月受邀參加北京舉辦的社區支持農業（CSA）交流活動，擔任台灣代表，分享他與土地共生的生活概念。此外，青松先生也持續在經營「青松米・穀東俱樂部」部落格，與網友分享穀東俱樂部的點滴。

5. **江佩珊（創意庫汽車設計公司創意總監）【汽車設計達人】**

   其源源不絕的設計能量持續在市場上創造話題，現在她率領創意庫瞄準智慧電動車市場，以雲端平台建構智慧車的資訊系統，製作出第一代 Avant GT 智慧電動車，讓世界知道「台灣設計」的力量。

6. **Mr. Su（展羿美術工程公司負責人）【公仔達人】**

   二〇一四年七至九月在台北華山文創園區展示的航海王展，由 Mr. Su 擔任公仔設計總監，其精巧細緻的手工，讓參觀展覽的遊客流連忘返。

7. **肯特（肯特動畫數位獨立製片公司創辦人）【動畫達人】**

   持續推廣台灣原創動畫製片，如今終於積聚足夠的能量爆發了！二〇一三年由肯特推出的動畫電影《夢見》不但全程 MIT，並在二〇一四年入圍第十六屆台北電影獎動畫類。肯特期望藉此喚起台灣其他動畫愛好者的注意，替台灣動畫注入新的活水。

8. **馮小非**（《上下由新聞市集》負責人）【獨立媒體達人】

   長期關注農業及友善土地的議題，由她所共同創辦的上下游新聞市集成立甫三年，就已獲得「卓越新聞獎平面類調查報導獎」等新聞界的數個大獎。國內知名財金雜誌《財訊》於二〇一四年一月一號發刊的 441 期就以她為題材撰寫封面故事「40 革命－馮小非練功 10 年，把志業變事業」，與更多人分享她的生命故事與所推動的理念。

9. **幸佳慧**（童書作家）【童書達人】

   長期耕耘兒童文學，期望藉由早期閱讀來培養孩子獨立思考的能力。二〇一三年十月，幸佳慧推出第一本數位互動繪本《親愛的》，賦予童書未來更多發展的可能性，這本書也榮獲第三十八屆金鼎獎數位內容獎，現在大家可以透過 Google Play 及 Apple Store 購買下載閱讀喔！

10. **邱顯智**（雲谷南榕法律事務所律師）【法律達人】

    邱律師今年卸任台灣人權促進會理事長，他長期協助弱勢者爭取權利，像是去年鬧得沸沸揚揚的洪仲丘案，就是由他擔任義務律師；此外，二〇一四年三月，由他擔任義務律師，爭議了十八年的全國關廠工人案終於結案了！邱顯智律師打了一個漂亮的勝仗，不但讓勞動部停止上訴，行政院長也承諾將會返還之前所有應得的欠債還款，讓社會正義得到了伸張。

11. **莊偉中**（丸莊食品工業股份有限公司董事長特別助理）【醬油達人】

    丸莊醬油第四代傳人莊偉中運用赴國外 MBA 所學的創新思維，替百年老店注入了現代化活力！除了趕上二〇一四年世界盃的潮流，與康寧器餐具聯手舉辦「美食版世界盃」。此外，莊偉中也以創新的精神，推出新奇的醬油冰淇淋，顛覆大家對傳統口味的刻板印象！

12. **程淑芬**（國泰金融控股股份有限公司投資長）【投資達人】

    始終認為「投資在人的身上是最有價值的！」即使已為人母親，國泰金控投資長程淑芬仍在忙碌的工作之餘空出時間，在台大國企所教授「投資銀行實務」，期望能藉此培養更多重視社會責任的產業分析師。

13. **張軒齊**（台灣電子競技聯盟顧問兼賽事評論）【電競達人】

    張軒齊（SoBaDRush）除了擔任電競聯盟賽評，同時也擔任知名電腦週邊品牌產品經理。主要活動仍是轉播電子競技賽事，有興趣的朋友請密切留意電子競技聯盟的官網，以避免錯過精彩轉播喔！

> ※ 其他曾現身於第一冊的達人們，也持續於各自擅長的領域耕耘，以研發的新技術或創新思維，勇於超越自我、努力向前行進，正在台灣營造許多發光的角落。

14. **曾信哲**（緯航企業董事長）【遊艇五金達人】

15. **蘇丞斌**（蘇丞斌建築師事務所負責人）【建築達人】

16. **吳明龍**（服裝和生活品牌 Galoop 創辦人）【生活設計達人】

17. **阮氏芳蘭**（東南亞旅行社負責人）【旅遊服務達人】

綠蠹魚叢書 YLC87

超越達人 2：陪孩子找自己的路

策劃／超越文創教育基金會

總策劃／蘇巧慧

作者／王昀燕、張麗伽、楊泰興、鄭任汶、蕭麗英

主編／吳家恆

策劃執行／吳麗淳、林品妤

編輯／陳芯怡

封面設計／呂期棠

版型設計／呂德芬

插畫設計／I'm Chilly

攝影／汪忠信、許育愷、顏翠萱

圖片提供／TSJ 藝術修復工事、Give543 贈物網、天氣風險管理開發股份有限公司、仙草影像工作室、
　　　　　余湘、阿原肥皂、吳沁婕、林淑媚、南洋台灣姊妹會、張華雄、馮勝賢、黃榮村

出版五部總監／林建興

發行人／王榮文

出版發行／遠流出版事業股份有限公司

　　　　地址：臺北市南昌路二段 81 號 6 樓

　　　　電話：（02）2392-6899

　　　　傳真：（02）2392-6658

　　　　郵撥：0189456-1

著作權顧問／蕭雄淋律師

法律顧問／董安丹律師

排版／中原造像股份有限公司

2014 年 10 月 1 日　初版一刷

行政院新聞局局版臺業字第 1295 號

新台幣售價 350 元（缺頁或破損的書，請寄回更換）

版權所有 翻印必究　Printed in Taiwan

ISBN 978-957-32-7488-9

遠流博識網

http://www.ylib.com

E-mail: ylib @ yuanliou.ylib.com.tw

國家圖書館出版品預行編目 (CIP) 資料

超越達人 . 2 ／張麗伽等撰寫；吳家恆主編 .
－初版 . －臺北市：遠流，2014.10
　　面；　公分 . －（綠蠹魚叢書；YLC87）
ISBN 978-957-32-7488-9(平裝)

1. 大學生 2. 就業輔導 3. 生涯規劃
525.648　　　　　　　　　　　　103016395